누구나
쉽고 재미있게

사고력 수학

노크

D4
(11~12세)

해결전략

이 책을 보시는 부모님들께

머리가 좋아야 수학을 잘 한다는 말이 있습니다. 또, 수학을 잘 못하는 아이는 아빠, 엄마의 머리를 물려받아서 그렇다는 등의 난데없는 유전자 논쟁이 벌어지기도 합니다. 하지만 많은 사람들의 일반적인 생각과는 달리 이는 근거없는 이야기입니다. 외국의 한 연구 기관에서 언어, 사회, 수학, 과학의 네 가지 분야 중 어떤 것이 아동의 선천적 재능에 영향을 받는지 조사한 연구 결과를 발표했는데 일반적인 예상과는 다르게 선천적 재능에 영향을 받는 순서는 사회, 언어, 과학, 수학 순이었습니다. 다시 말해, 수학은 여러 학문 분야 중 선천적인 재능보다는 후천적인 환경이나 교육자, 학습자의 노력에 가장 큰 영향을 받는 학문이라 볼 수 있습니다. 수학의 가장 기본이 되는 '수 영역'의 예를 들어 보겠습니다. 아이들이 수를 처음 접하는 시기의 차이는 있지만 실제 수에 대한 감각과 수를 다루는 연습은 생활 속에서의 체험이나 다양한 활동, 학습 속에서 이루어집니다. 즉, 수학의 가장 기본이 되는 수는 선천적으로 가진 재능과는 거의 연관이 없으며 자라나면서 어떤 환경에 놓이는지, 얼마나 많이 수를 생각할 수 있는 기회가 있는지, 나이에 맞는 올바른 학습을 만날 수 있는지에 좌우됩니다. 그러므로 아이의 수학적 발달에 문제가 있다면, 그 아이가 누구를 닮아서 그런지, 지능이 떨어지는지를 따질 것이 아니라 수학적 힘을 기를 수 있는 학습 환경을 어떻게 만들어줄 것인가를 고민해야 합니다.

국제영재교육연구소의 랜즐리 소장은 영재의 기준을 마련하기 위해 여러 연구를 시행한 결과, 영재의 공통적인 특징들을 발견하였습니다. 첫째는 115 이상의 지능지수(IQ), 둘째는 창의력(Creativity), 셋째는 동기적 요소라고 부르는 끈질긴 근성과 과제집착력이었습니다. 이들 세 가지 요소 역시 선천적으로 타고 나는 부분도 물론 있겠지만 대부분 후천적인 학습이나 교육 활동을 통해 기를 수 있는 능력이라는 데에 이의를 제기하기는 힘듭니다.

이처럼 수학적 능력은 후천적 학습 환경에 주로 좌우되며, 특히 어린 시절에는 그러한 경향이 더더욱 두드러집니다. 하지만 우리의 아이들을 둘러싼 수학적 환경을 다시 한 번 돌아봅시다. 초등학교를 들어가기 전부터 과도한 학습량과 무의미한 반복 활동, 이후의 수학 학습에 오히려 방해가 될 정도로 무리한 선행 학습 등의 환경은 아이의 수학적 힘을 길러주기보다는 수학에서 가장 중요한 창의적 사고력을 기를 수 있는 기회를 박탈함과 동시에 수학에 대한 흥미를 급속하게 떨어뜨리게 하여 수학으로 문제를 해결하려는 의지, 즉 수학적 동기를 스스로에게 부여하는 것을 불가능하게 만들어 버립니다. 중요한 것은 남들보다 먼저, 그리고 더 많이 수학적 지식을 머리 속에 주입하는 것이 아니라 태어나서부터 누구나 가지고 있는 수학에 대한 관심, 그리고 수학으로 생각하는 힘을 일깨워주는 것입니다.

수학을 잘할 수 있는 힘,

수학적 잠재력은 이미 여러분 아이들의 머릿 속에 줄곧 있어왔습니다. 단지 어떤 아이는 그것을 찾아내어 드러낼 수 있었고, 어떤 아이는 꼭꼭 숨긴 채 평생 드러나지 않을 뿐입니다. 이러한 수학적 잠재력에 대한 참신한 자극 – 생각을 두드리는 '노크'를 제안하려 합니다. '노크'는 수학적 지식과 스킬만을 무리하게 밀어넣지 않습니다. 왜 수학을 해야 하고, 어떻게 수학으로 가능한지 끊임없이 스스로 생각하게하는 계기로서의 활동이 되려 합니다. 일상으로부터 괴리된 학문으로서의 수학이 아닌, 삶을 살아가며 반드시 키워야 할 논리적, 합리적 사고력을 기를 수 있는 누구에게나 가장 중요한 경쟁력으로서의 수학을 주장합니다. '노크'야말로 새로운 수학 학습의 길을 보여주는 방향타가 될 것입니다.

한 현 조

똑!똑! 사고력 수학
노크의 구성

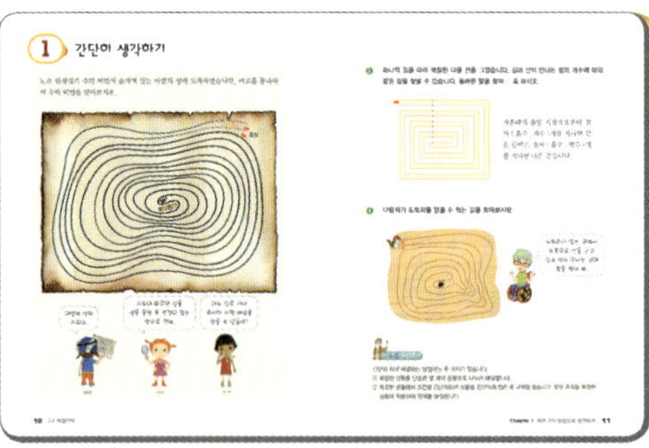

시작 : 생각열기

사고력 수학 주제에 맞는 수학적 상황, 수학사, 생활 속 수학 이야기 등의 자유로운 형식으로 흥미를 유발하고, 수학적 사고를 자극하는 주제별 프롤로그

노크 포인트

문제 해결의 핵심적 원리를 '콕!' 집어서 간결하게 요약한 사고력 수학 주제별 포인트

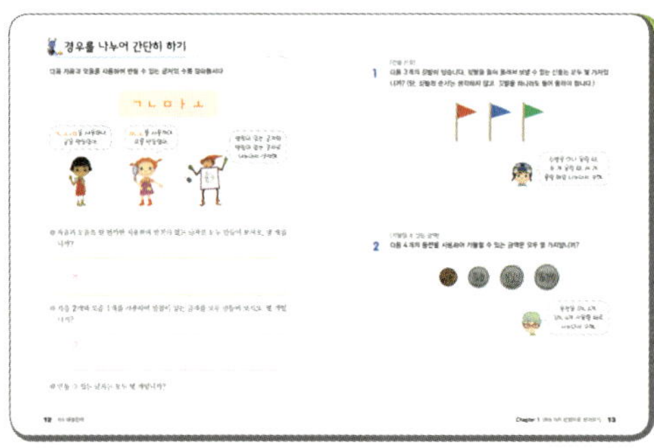

전개 : 유형 탐구

사고력 수학의 대표 유형을 노크만의 새로운 방법으로 차근차근 한 단계씩 익히고 해결하는 단계적 유형 탐구와 이를 통해 익힌 방법적 원리를 적용, 확장하는 확인 문항

수학 요정들의 친절한 충고와 꼬마 요괴들의 밉살스럽지만 유용한 조언으로 어려운 발전 문항의 해결을 돕는 문제 해결 도우미 박스

발전 : 창의적 문제해결력

3개의 사고력 수학 주제를 갈무리하는, 한 차원 높은 창의력과 복합적인 사고력을 요구하는 발전 문항의 끝판왕

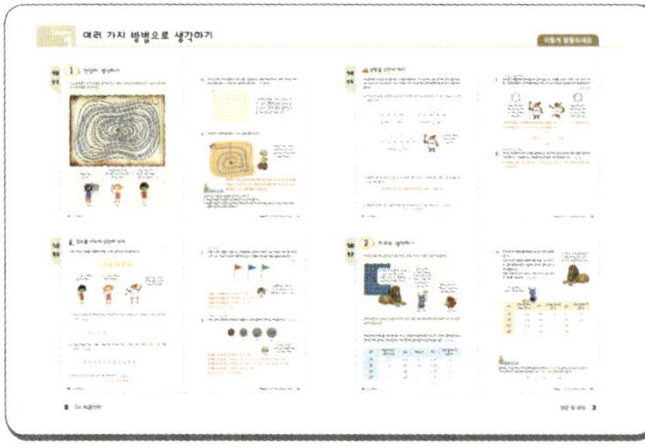

마무리 : 정답 및 해설

본문에 그대로 첨삭된 정답과 간략한 풀이 과정을 통한 사고력 수학 활동 피드백으로 마무리

노크
캐릭터 소개

태경
활동파 리더

지오
호기심 공주

초이
조용한 전략가

아인
꼬마 천재

마법사 멀린과 수학 요정

마법사 멀린

노크랜드의 지식의 수호자. 지식을 파괴하려는 대마왕의 음모에 맞서 모험을 떠난 친구들의 든든한 조력자.

아르키메데스

페르마

플라톤

파스칼

피타고라스

가우스

유클리드

오일러

대마왕과 꼬마 요괴

대마왕

노크랜드의 지식의 파괴자. 세계를 차지하기 위해 모든 지식을 없애버리려고 하는 요괴들의 두목.

딴소리

한입

장난

잘난척

딴짓

멍하니

잠만자

대충이

산만해

울보

거꾸로

뛰어

차 례

Chapter 1
여러 가지 방법으로 생각하기

Chapter 2
시행착오와 강 건너기

여러 가지 방법 으로 생각하기

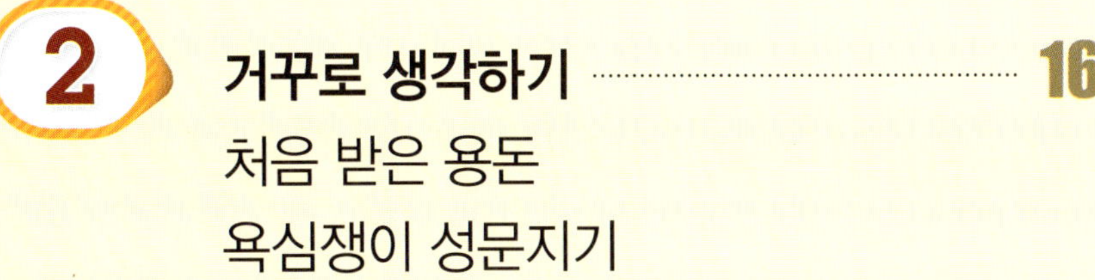

간단히 생각하기

노크 원정대가 수학 비법이 숨겨져 있는 마법의 성에 도착하였습니다. 미로를 통과하여 수학 비법을 찾아보시오.

태경

지오

초이

하나의 길을 따라 색칠한 다음 선을 그었습니다. 길과 선이 만나는 점의 개수에 따라 같은 길을 찾을 수 있습니다. 올바른 말을 찾아 ◯표 하시오.

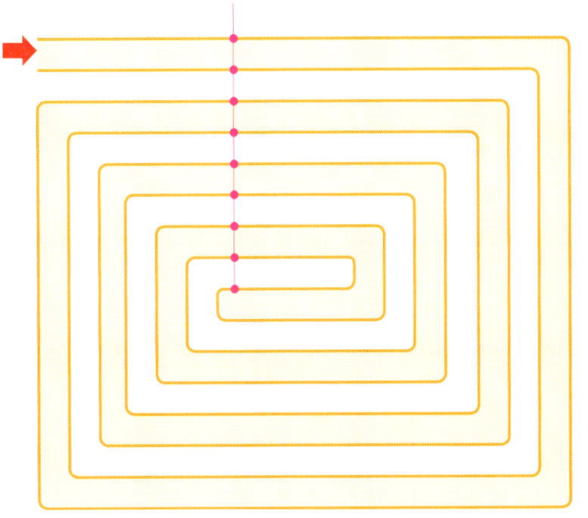

가운데의 출발 지점으로부터 점이 (홀수 , 짝수)개를 지나면 같은 길이고, 점이 (홀수 , 짝수)개를 지나면 다른 길입니다.

다람쥐가 도토리를 얻을 수 있는 길을 찾아보시오.

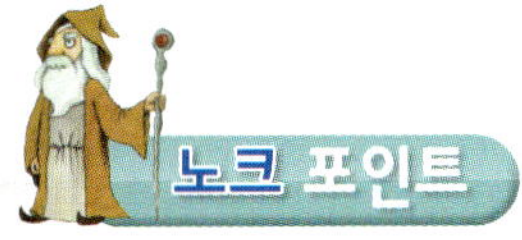

간단히 하여 해결하는 방법에는 두 가지가 있습니다.
① 복잡한 상황을 단순한 몇 개의 상황으로 나누어 해결합니다.
② 복잡한 상황에서 조건을 간단히하여 상황을 간단하게 만든 후 규칙을 찾습니다. 찾은 규칙을 복잡한 상황에 적용하여 문제를 해결합니다.

다음 자음과 모음을 사용하여 만들 수 있는 글자의 수를 알아봅시다.

❶ 자음과 모음을 한 번씩만 사용하여 받침이 없는 글자를 모두 만들어 보시오. 몇 개입니까?

가

❷ 자음 2개와 모음 1개를 사용하여 받침이 있는 글자를 모두 만들어 보시오. 몇 개입니까?

간

❸ 만들 수 있는 글자는 모두 몇 개입니까?

1 다음 3개의 깃발이 있습니다. 깃발을 들어 올려서 보낼 수 있는 신호는 모두 몇 가지입니까? (단, 깃발의 순서는 생각하지 않고, 깃발을 하나라도 들어 올려야 합니다.)

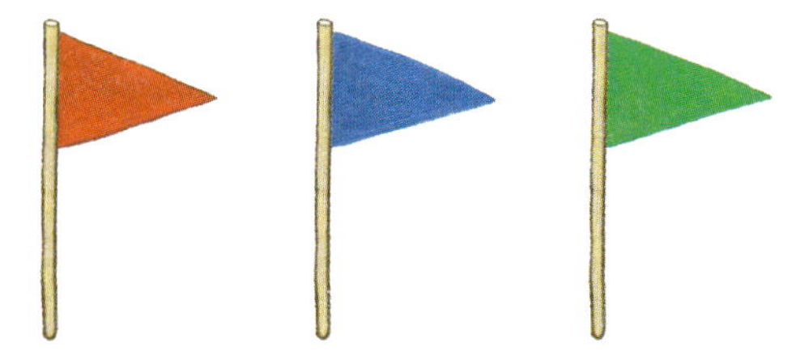

2 다음 4개의 동전을 사용하여 지불할 수 있는 금액은 모두 몇 가지입니까?

상황을 간단히 하기

토너먼트란 두 팀씩 경기를 하여 진 팀은 탈락하고 이긴 팀끼리 다음 경기를 하여 최종 승자를 가리는 경기 방식입니다. 어느 대회에 모두 64개 팀이 참가하였을 때 총 경기 수를 알아봅시다.

❶ 다음은 4개 팀, 5개 팀, 6개 팀이 참가할 때의 대진표입니다. 각 경기 수를 ☐ 안에 써넣으시오.

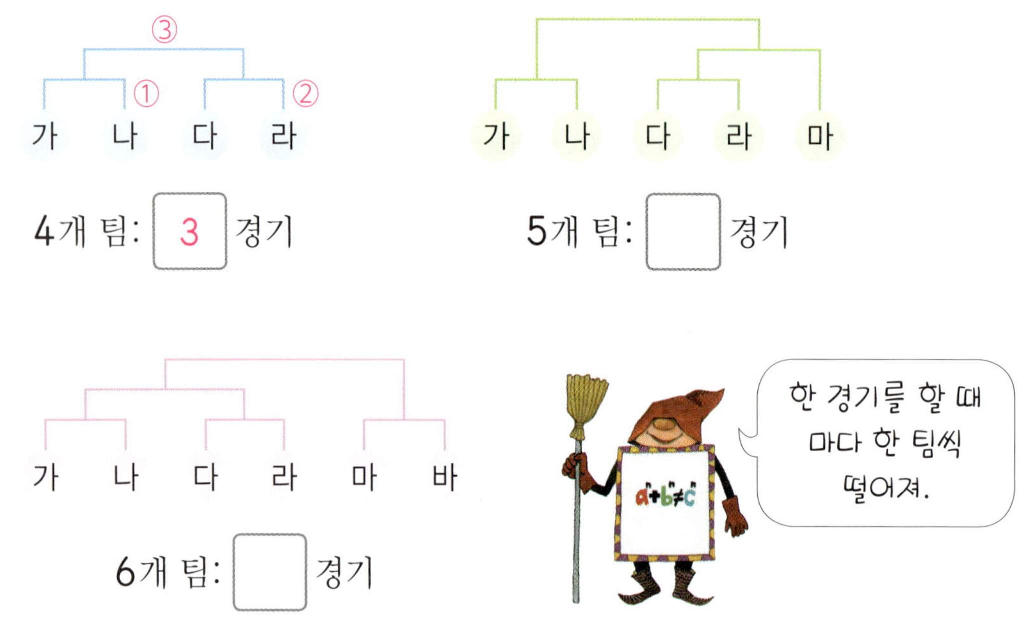

❷ 대회에 참가한 팀의 수를 ☐, 토너먼트 경기 수를 ◯라 할 때 ☐와 ◯의 관계를 식으로 나타내시오.

❸ 대회에 참가한 팀이 64개 팀일 때 토너먼트 경기 수를 구하시오.

1 전교생이 운동장에 원 모양으로 앉아 있습니다. 학생들 사이의 간격이 모두 같다고 할 때, 7번째 학생과 155번째 학생이 서로 마주 보고 있다면 전교생은 모두 몇 명입니까?

2 초이네 학교에서 피구 대회를 열었습니다. 토너먼트 방식으로 경기를 진행할 때 총 경기의 횟수가 15회입니다. 대회에 참가한 팀은 모두 몇 팀입니까?

2 거꾸로 생각하기

딴짓 요괴와 한입 요괴가 길을 가다가 문을 지키는 스핑크스를 만났습니다.

한입 요괴가 욕심이 나서 문을 1번, 2번, 3번, 4번 통과하였더니 동전이 하나도 남지 않게 되었습니다.

한입 요괴가 처음 몇 개의 동전을 가지고 있었는지 알아보려고 합니다. 거꾸로 생각하여 표의 빈칸을 채워 보시오. 한입 요괴는 처음 몇 개의 동전을 가지고 있었습니까?

횟수	문을 통과하기 전에 가진 돈	2배	2배한 돈	대가	문을 통과한 후 남은 돈
1번		×2		−16	
2번		×2		−16	12
3번	12	×2	24	−16	8
4번	8	×2	16	−16	0

딴짓 요괴가 문을 통과하려고 할 때 규칙이 바뀌었습니다.

딴짓 요괴가 새로운 규칙에 따라 문을 1번, 2번, 3번, 4번 통과하였더니 동전이 하나도 남아 있지 않게 되었습니다.

표를 완성하고, 딴짓 요괴가 처음 가지고 있던 동전의 개수를 구하시오.

횟수	문을 통과하기 전에 가진 돈	대가	16개를 준 뒤에 가진 돈	2배	문을 통과한 후 남은 돈
1번		−16		×2	
2번		−16		×2	
3번		−16	8	×2	16
4번	16	−16	0	×2	0

노크 포인트

결과부터 거꾸로 되짚어 가며 문제를 해결하는 방법을 거꾸로 풀기라고 합니다. 계산 결과가 주어지고 거꾸로 생각하여 처음 수를 구할 때에는 ×는 ÷로, +는 −로 생각하여 구합니다.

$$4 \xrightarrow[\div 3]{\times 3} 12 \xrightarrow[-1]{+1} 13$$

처음 받은 용돈

꼬마 요괴 셋이 함께 받은 용돈으로 상점에서 여러 가지 물건을 샀습니다. 요괴 셋이 받은 용돈은 모두 얼마인지 알아봅시다.

장난 요괴

한입 요괴

울보 요괴

❶ 연필은 얼마입니까?

❷ 울보 요괴가 한입 요괴에게 받은 돈은 얼마입니까?

❸ 한입 요괴가 산 지우개 값과 장난 요괴에게 받은 돈을 차례로 쓰시오.

❹ 장난 요괴가 스티커를 사기 전 받은 용돈은 얼마입니까?

1 멍하니 요괴는 매달 개수가 2배로 늘어나는 마법 구슬을 가지고 있습니다. 이번 달에 마법 구슬이 모두 128개가 되었다면 4개월 전 멍하니 요괴가 가지고 있었던 마법 구슬은 몇 개입니까?

2 태경이는 문구점에서 각도기를 사는데 560원을 주고 남은 돈의 $\dfrac{1}{3}$ 을 사용하여 자를 샀습니다. 자를 사고 남은 돈이 360원일 때 각도기를 사기 전에 가지고 있던 돈은 얼마입니까?

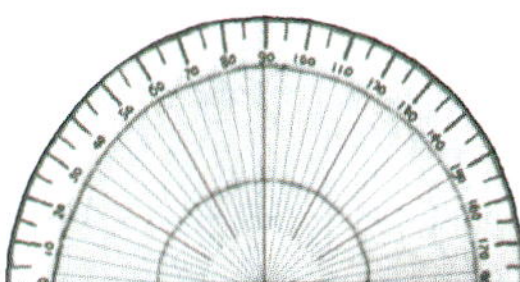

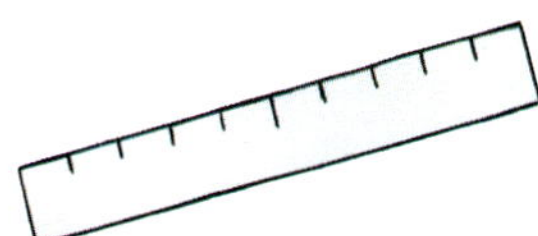

욕심쟁이 성문지기

피보나치 수열로 유명한 중세 이탈리아의 수학자 피보나치는 여러 나라를 여행하면서 수학적 지식을 쌓았습니다. 1202년 이탈리아의 피사로 돌아온 피보나치는 인도, 아라비아 수 체계를 유럽인에게 소개하는 「산반서」라는 책을 쓰게 됩니다.

「산반서」에 있는 여러 가지 흥미로운 문제 중 하나가 「욕심쟁이 성문지기」 문제입니다. 이 문제를 해결하여 봅시다.

1 다섯 번째 성문지기를 통과한 후 남은 옥수수의 개수는 1개입니다. 각 성문지기를 통과한 후 옥수수의 개수와 처음 가지고 온 옥수수의 개수를 구하시오.

성문지기	처음	1번째	2번째	3번째	4번째	5번째
개수						1

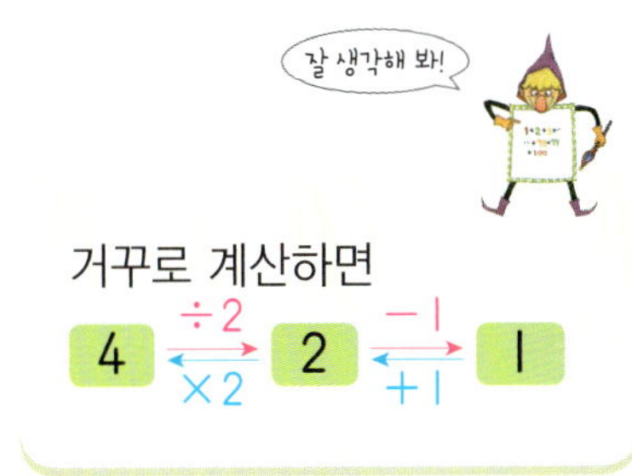

[처음 승객의 수]

2 버스가 종점에서 사람들을 태우고 정류장 4개를 지나갑니다.
첫 번째 정류장에서 승객의 반이 내리고 한 명이 탔습니다.
두 번째 정류장에서 승객의 반이 내리고 한 명이 탔습니다.
세 번째 정류장에서 승객의 반이 내리고 한 명이 탔습니다.
네 번째 정류장에서도 승객의 반이 내리고 한 명이 탔습니다.
정류장 4개를 지나고 버스에 남은 승객이 5명입니다.
처음 종점에서 버스에 탄 사람은 몇 명입니까?

3 극단적으로 생각하기

상자 안에 모양과 크기가 같은 구슬 16개가 있습니다. 상자 안을 보지 않고 같은 색 구슬 3개를 꺼내려고 합니다.

딴짓 요괴

울보 요괴

구슬 11개를 꺼내면 아무리 운이 나빠도 같은 색 구슬 3개를 뽑을 수 있습니다.

주머니 안에 크기와 모양이 같은 5가지 색깔의 사탕이
3개씩 있습니다. 물음에 답하시오.

● 주머니에서 같은 색 사탕 2개를 항상 꺼내려면 적어도 몇 개의 사탕을 꺼내야
  합니까?

● 주머니에서 같은 색 사탕 3개를 항상 꺼내려면 적어도 몇 개의 사탕을 꺼내야
  합니까?

① 7명일 때는 생일이 모두 다른 요일일 수 있습니다. 그러나 8명일 때는 생일이 같은 요일인 학생이
  항상 2명 이상 있습니다. 12명일 때는 생일이 모두 다른 달일 수 있습니다. 그러나 13명일 때는
  생일이 같은 달인 학생이 항상 2명 이상 있습니다.

② 5개의 자물쇠와 그에 맞는 5개의 열쇠를 짝을 맞출 때 운이 가장 좋은 경우 4번 만에 맞출 수 있습
  니다. 그러나 운이 가장 나쁜 경우에는 $4+3+2+1=10$(번)만에 맞출 수 있습니다.

 # 같은 요일에 태어난 학생

태경이네 반 학생은 모두 22명입니다. 이들 중 같은 요일에 태어난 학생은 적어도 몇 명인지 알아봅시다.

❶ 반 학생이 7명이라면 다음과 같은 경우 같은 요일에 태어난 학생이 없습니다. 반 학생이 15명이라고 할 때 같은 요일에 태어난 학생은 적어도 몇 명입니까?

요일	일	월	화	수	목	금	토	합계
학생 수(명)	1	1	1	1	1	1	1	7

❷ 22명 중에서 같은 요일에 태어난 학생은 적어도 몇 명입니까?

1 태경이 동생 태돌이네 학교 학생은 모두 125명입니다. 이들 중 같은 달에 태어난 학생은 적어도 몇 명입니까?

2 같은 달에 생일이 있는 학생 3명이 반드시 있기 위해서는 적어도 몇 명의 학생을 뽑아야 합니까?

🔑 사물함에 맞는 열쇠

사물함 5개와 사물함에 맞는 열쇠 5개가 있습니다. 사물함에 맞는 열쇠를 찾기 위해서는 최소 몇 번, 최대 몇 번을 맞추어 보아야 하는지 알아봅시다.

❶ 1번 사물함의 열쇠를 찾을 때 운이 좋은 경우는 한 번에, 운이 나쁜 경우는 **4**번 만에 열쇠를 찾을 수 있습니다. 2번 사물함의 열쇠를 찾기 위해서는 최소 몇 번, 최대 몇 번 열쇠를 맞추어 보아야 합니까?

최소: ☐ 번   최대: ☐ 번

❷ ❶과 같은 방법으로 각 사물함에 맞는 열쇠를 찾기 위한 최소, 최대 횟수를 표에 나타내시오. 모든 사물함의 열쇠를 찾기 위한 최소, 최대 횟수는 몇 번입니까?

사물함	1번	2번	3번	4번	5번
최소	1				0
최대	4				0

최소: ☐ 번   최대: ☐ 번

1 자물쇠 4개와 자물쇠에 맞는 열쇠 4개가 있습니다. 자물쇠에 맞는 열쇠를 모두 찾기 위해 운이 가장 나쁜 경우 열쇠와 자물쇠를 몇 번 맞추어 보아야 합니까?

[방문 열기]

2 지오네 집 방문 6개가 모두 잠겼습니다. 각 방에 맞는 열쇠가 하나씩 있는데 어느 방의 열쇠인지 알 수 없습니다. 방문을 모두 열기 위해서는 최소 몇 번, 최대 몇 번 열어 보아야 합니까?

창의적 문제해결력

1 다음 숫자 카드를 한 번씩 사용하여 만들 수 있는 수는 모두 몇 개입니까?

$$\boxed{1}\ \boxed{3}\ \boxed{6}$$

2 한입 요괴의 나이를 구해 보시오.

3 할머니가 감자를 가지고 5개의 다리를 건너갑니다. 다리를 건널 때마다 도둑을 만났는데 가지고 있는 감자의 절반을 주면 도둑이 감자 1개를 돌려줍니다. 할머니가 다리를 모두 건너고 나니 남은 감자가 3개뿐이었습니다. 처음 있었던 감자는 몇 개입니까?

4 서랍 안에 흰색 양말과 검은색 양말이 각각 6개씩 섞여 있습니다. 서랍 안을 보지 않고 양말을 꺼낼 때 항상 흰색 양말과 검은색 양말을 각각 한 켤레씩 꺼내려면 적어도 양말 몇 개를 꺼내야 합니까?

Chapter 2

시행착오와 강 건너기

재치있게 풀기

한입 요괴와 장난 요괴가 택시를 탔습니다. 장난 요괴가 $\frac{1}{2}$ 지점에서 먼저 내리고, 한입 요괴가 내리면서 택시요금으로 **4000**원을 냈습니다.

아인이가 택시비를 공평하게 나누는 법을 알려줍니다.

한입 요괴와 장난 요괴가 택시비를 공평하게 내려면 장난 요괴가 한입 요괴에게 얼마를 주어야 합니까?

태경, 초이, 지오가 같이 택시를 탔습니다. $\dfrac{1}{3}$ 지점에서 초이가 내리고, $\dfrac{2}{3}$ 지점에서 지오가 내렸습니다. 마지막에 태경이가 내리면서 택시 요금으로 9000원을 냈습니다. 세 사람이 공평하게 택시 요금을 낸다고 할 때 초이와 지오는 태경이에게 각각 얼마를 주어야 합니까?

초이: [   ] 원   지오: [   ] 원

노크 포인트

① 택시비 나누기: 구간을 나누어 각 구간의 택시비를 계산한 다음 각 구간에 탄 명 수로 나누어 계산합니다.

② 고양이와 쥐: 1일 동안 고양이 1마리가 쥐 1마리를 잡는다면 10일 동안 고양이 10마리는 쥐 100마리를 잡습니다.

③ 빈 병 바꾸기: 빈 병을 모아서 갖다주면 새 음료수로 바꾸어준다고 할 때 받은 새 음료수의 빈 병도 생각해야 합니다.

④ 연못의 연꽃: 연못의 연꽃이 매일 2배가 된다고 할 때, 어느 날 그 연못을 연꽃이 모두 덮었다면 그 연못의 절반을 덮은 것은 그 전날입니다.

구간을 나누는 문제

딴소리 요괴가 1층부터 4층까지 계단을 걸어 올라가는데 60초가 걸렸습니다. 같은 빠르기로 1층부터 8층까지 계단을 올라가는데 걸리는 시간은 몇 초인지 알아봅시다.

❶ 1층부터 4층까지는 몇 개 층을 올라가야 합니까?

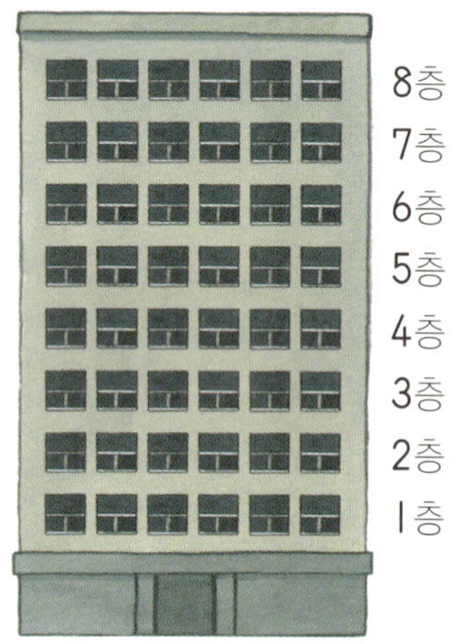

❷ 1층부터 4층까지 60초가 걸렸습니다. 한 층을 올라가는데 걸리는 시간은 몇 초입니까?

❸ 1층부터 8층까지는 몇 개 층을 올라가야 합니까? 또, 1층부터 8층까지 올라가는데 걸리는 시간은 몇 초입니까?

1 길이가 60m인 길의 한 쪽에 6m 간격으로 나무를 심으려고 합니다. 필요한 나무는 모두 몇 그루입니까? (단, 길의 처음과 끝에 나무를 심습니다.)

2 통나무를 10토막으로 자르려고 합니다. 통나무를 한 번 자르는데 2분이 걸린다면 10토막으로 자를 때 걸리는 시간은 몇 분입니까?

 함정이 있는 문제

연못에 심은 연꽃 하나가 매일 2배가 됩니다. 8일째 되는 날에 연못을 완전히 덮었다고 할 때 4일째 되는 날 연꽃은 연못의 얼마만큼을 덮고 있었는지 알아봅시다.

❶ 8일째 연못을 완전히 덮었다면 그 전날인 7일째에서 연못을 어느 정도 덮고 있었는지 분수로 나타내시오.

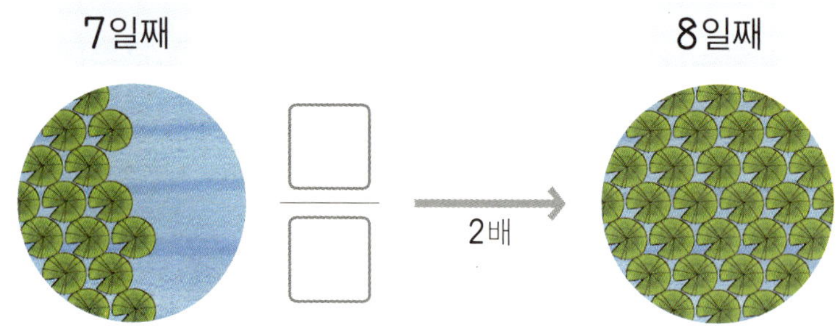

❷ 6일째에는 7일째의 반만큼 연꽃이 연못을 덮었습니다. 6일째에 어느 정도 덮고 있었는지 분수로 나타내시오.

❸ 같은 방법으로 4일째에 연꽃은 연못을 어느 정도 덮고 있었는지 분수로 나타내시오.

1 ㅣ0일 동안 고양이 ㅣ0마리가 쥐를 ㅣ0마리 잡습니다. ㅣ00일 동안 고양이 ㅣ00마리는 쥐 몇 마리를 잡습니까?

[빈 병 바꾸기]

2 어느 가게에서 빈 병 3개를 새 음료수 ㅣ병으로 바꾸어 줍니다. 음료수를 9병 사면 몇 병까지 마실 수 있습니까?

5 시행착오

1898년 미국의 심리학자 손 다이크는 동물의 학습 실험 결과를 발표하였습니다. 고양이를 문을 여는 장치를 설치한 문제 상자(Puzzle Box) 안에 넣어두면 고양이는 긁거나 깨무는 등의 여러 가지 행동을 하다가 우연히 문을 여는 장치를 건드려서 탈출에 성공하게 됩니다.

다시 고양이를 문제 상자 안에 넣어두면 다시 탈출하게 되는데 이것을 되풀이하면 고양이의 탈출 시간이 점점 줄어든다는 것을 알 수 있습니다.

이것을 손 다이크의 문제 상자 실험이라고 하고 이 시험을 통해 동물의 시행착오(Trial Error) 학습 원리를 발견하게 되었습니다.

손 다이크는 고양이의 문제 상자 실험 이전에 병아리를 미로 안에 넣어 병아리가 어떻게 길을 찾아내는지를 관찰하였습니다. 그는 병아리들이 같은 미로에 반복적으로 들어가게 되면 점차 미로를 빠져나가는 시간이 줄어든다는 사실을 확인하였습니다.
병아리가 먹이를 찾아 나가는 길을 그려 보시오.

시행착오(Trial Error)는 계획이나 통찰없이 맹목적으로 시행을 되풀이하는 것을 말합니다. 미국의 심리학자 손 다이크는 고양이의 문제 상자 실험에서 시행착오에 의해 동물의 학습이 성립하는 것을 발견하고 이것을 시행착오 학습이라 이름 지었습니다.
시행착오의 학습 원리는 끊임없는 시도로 실패를 반복하지만 점차 해결책에 가까워지는 방법입니다.
수학에서는 통찰력을 이용하여 시행착오의 횟수를 줄여나가며 문제를 해결해야 합니다.

랭퍼드 문제

다음과 같은 숫자칩 6개가 있습니다. 이 숫자칩을 1과 1 사이에 1개의 칩, 2와 2사이에 2개의 칩, 3과 3 사이에 3개의 칩이 있게 배열하여 봅시다.

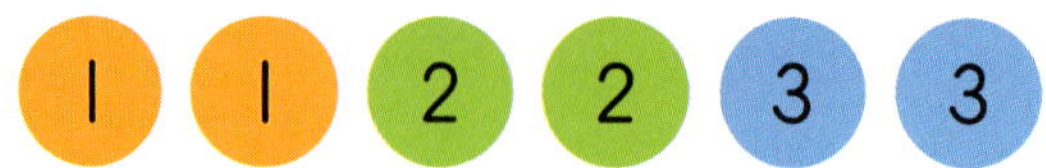

❶ 1과 1 사이에 1개의 숫자칩을 배열하는 방법은 다음과 같이 4가지가 있습니다. 2와 2 사이에 2개의 숫자칩을 배열하는 방법을 그리시오. 모두 몇 가지입니까?

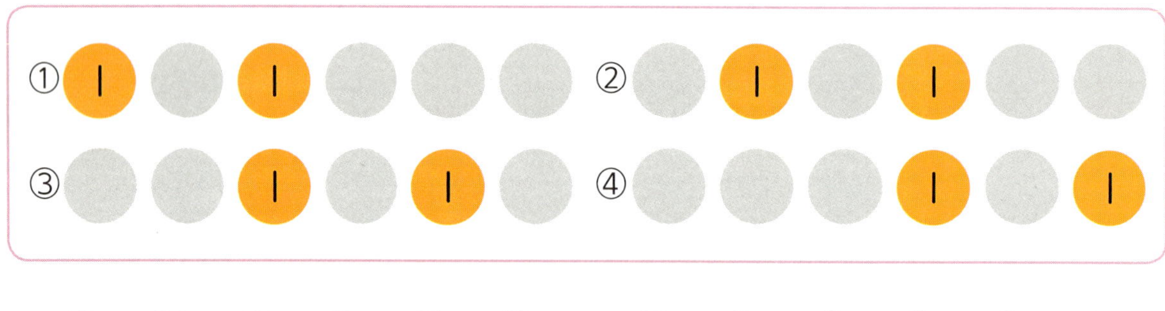

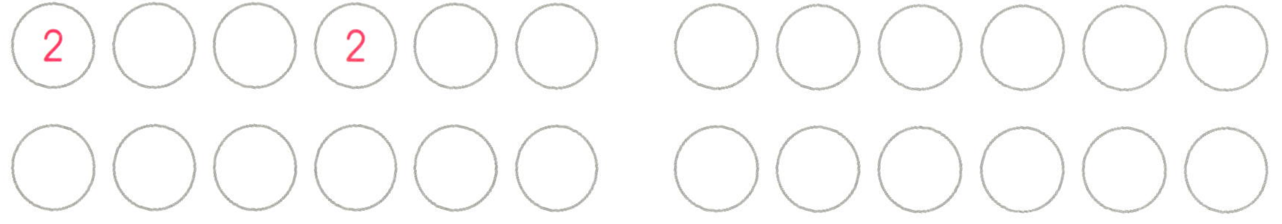

❷ 3과 3 사이에 3개의 숫자칩을 배열하는 방법을 그리시오. 모두 몇 가지입니까?

❸ 어떤 수부터 배열하는 것이 시행착오를 줄일 수 있습니까?

❹ 조건에 맞게 칩을 배열하시오.

1 다음 숫자칩을 한 번씩 사용하여 Ⅰ과 Ⅰ 사이에 Ⅰ개의 칩, 2와 2 사이에 2개의 칩, 3과 3 사이에 3개의 칩, 4와 4 사이에 4개의 칩이 오도록 배열하시오.

준비물 숫자칩

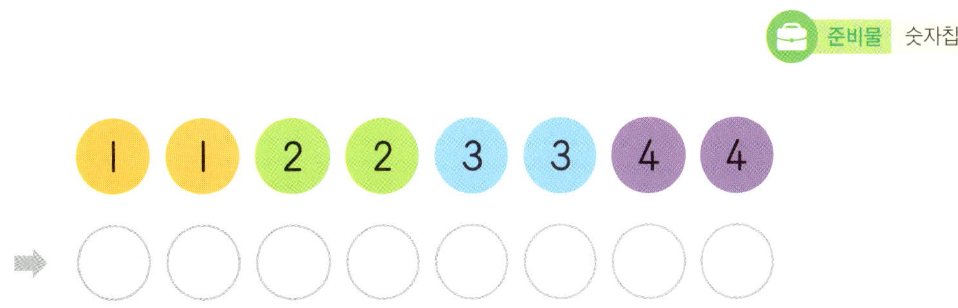

시행착오를 줄이는 단서

다음 ◯ 안에 1부터 8까지의 수를 한 번씩 쓰시오. (단, 선으로 연결된 ◯에는 연속된 두 수를 넣을 수 없습니다.)

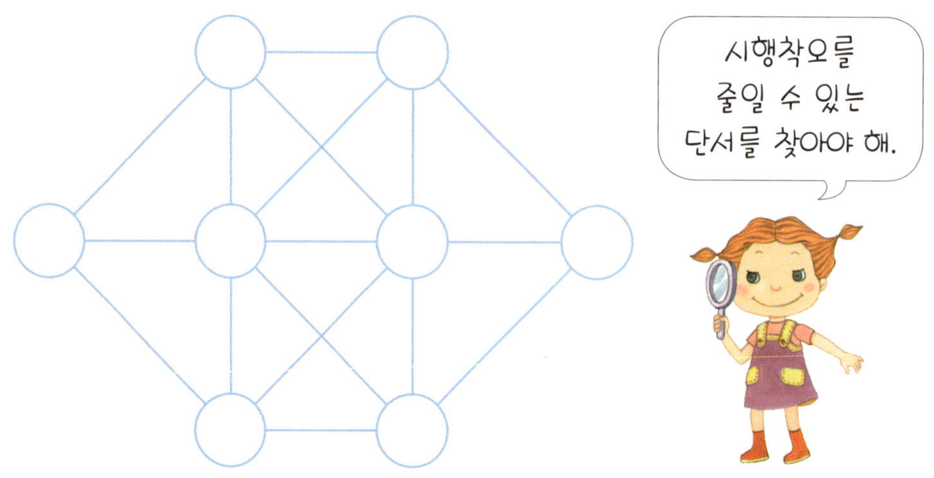

❶ 1부터 8까지의 수 중에서 연속된 수가 1개인 수 2개를 쓰시오.

❷ ◯에 연결된 선의 개수에 맞게 표에 기호를 쓰시오.

선의 개수	3개	4개	6개
칸	ㄱ, ㅇ		

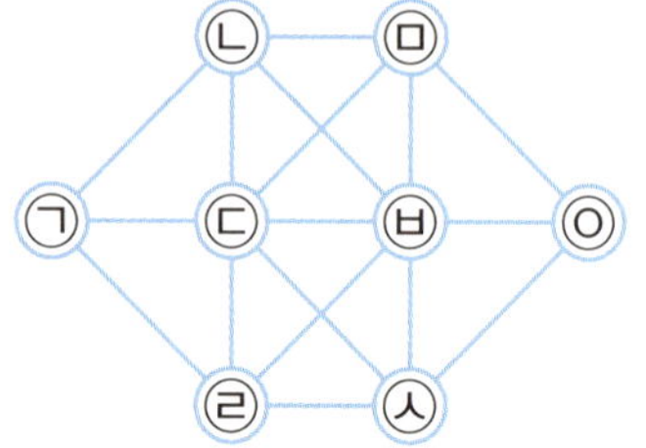

❸ 연결된 선이 가장 많은 칸에 ❶에서 찾은 수를 넣고 나머지 수를 조건에 맞춰 써넣으시오.

1 다음 ○ 안에 1부터 5까지의 수를 쓰시오. (단, 화살표가 가리키는 수가 더 큽니다.)

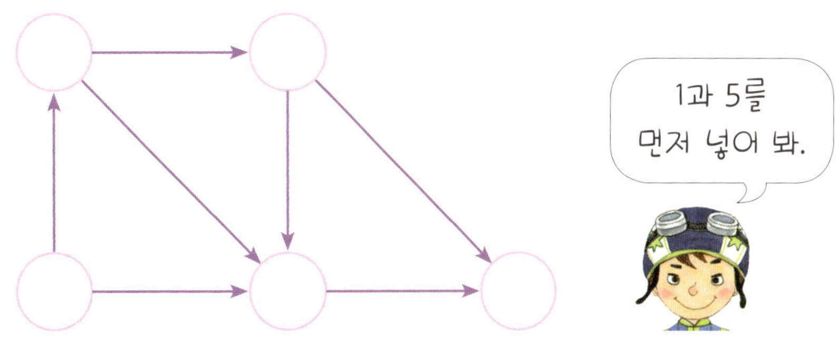

2 다음 ○ 안에 1부터 8까지의 수를 쓰시오. (단, 선으로 연결된 ○에는 연속된 수를 넣을 수 없습니다.)

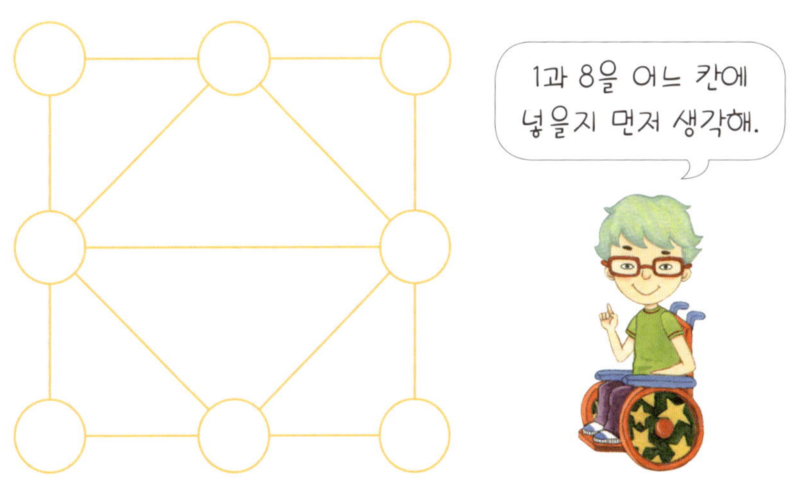

6 강 건너기

개 1마리, 염소 1마리, 배추 1포기를 가
진 농부가 강을 건너려고 배를 빌렸습니
다. 이 배에는 농부가 개, 염소, 배추 중 하
나만 데리고 탈 수 있습니다.
개와 염소만 남기면 개가 염소를 쫓아내
고, 염소와 배추만 남기면 염소가 배추를
먹습니다.

농부가 개와 염소와 배추를 모두 안전하게 강을 건너는 방법입니다. ☐ 안에 개, 염소, 배추
중 알맞은 말을 써넣으시오.

① 농부가 ☐ 를 데리고 강을 건넌 다음, 혼자 강을 건너 되돌아옵니다.

② 농부가 개를 데리고 강을 건넌 다음, ☐ 를 데리고 되돌아옵니다.

③ 농부가 ☐ 를 놓고, 배추를 가지고 강을 건넌 다음, 혼자 되돌아옵니다.

④ 농부가 ☐ 를 데리고 강을 건너갑니다.

한입 요괴와 멍하니 요괴의 몸무게는 각각 $10\,kg$이고, 딴소리 요괴의 몸무게는 $20\,kg$입니다. 세 요괴가 강을 건너야 하는데 배에는 한 번에 $20\,kg$까지만 탈 수 있습니다. 세 요괴가 안전하게 강을 건너는 방법을 쓰시오.

노크 포인트

세 명의 선교사와 세 명의 식인종이 두 사람이 탈 수 있는 배를 타고 강을 건너 갑니다. 단, 식인종이 선교사보다 많으면 식인종은 선교사를 잡아먹습니다. 모두 안전하게 강을 건너 봅시다.

순서	강 건너기	순서	강 건너기
①	선교사3 식인종1 ──식인종2──▶ 식인종2	⑦	식인종2 ──선교사2──▶ 선교사3 식인종1
②	선교사3 식인종2 ◀──식인종1── 식인종1	⑧	식인종3 ◀──식인종1── 선교사3
③	선교사3 ──식인종2──▶ 식인종3	⑨	식인종1 ──식인종2──▶ 선교사3 식인종2
④	선교사3 식인종1 ◀──식인종1── 식인종2	⑩	식인종2 ◀──식인종1── 선교사3
⑤	선교사1 식인종1 ──선교사2──▶ 선교사2 식인종2	⑪	──식인종2──▶ 선교사3 식인종3
⑥	선교사2 식인종2 ◀──선교사1 식인종1── 선교사1 식인종1		

사막 통과

어느 구호 단체에서 사막을 통과하여 의약품을 전달합니다. 한 사람이 사막을 건너가는데 6일이 걸리고 각각 최대 4일 동안 먹을 수 있는 식량을 가지고 갈 수 있습니다. 의약품은 가벼워서 한 사람이 식량과 함께 가지고 갈 수 있다고 합니다.

1 다음은 의약품을 보급하기 위한 **가, 나, 다** 세 사람의 사막 횡단 계획표입니다. 빈 곳을 채우시오.

사막 횡단 계획표

일정	내용			남은 식량(일치)		
	가	나	다	가	나	다
출발	4일치 식량 준비	4일치 식량 준비	4일치 식량과 의약품	4	4	4
1일차	나와 다에게 1일치씩 식량을 주고 되돌아감	1일치 식량을 받음	1일치 식량을 받음	3↓1	3↓4	3↓4
2일차	출발지로 되돌아옴		1일치 식량을 받음	0	3↓□	3↓□
4일차		출발지로 되돌아옴	사막 횡단함		0	2
6일차			사막 횡단 후 도착지에 도착			0

[사막 탐험 최대 거리]

2 두 사람이 사막을 여행합니다. 한 사람이 한 번에 들고 갈 수 있는 음식은 9일치이고 하루 동안 20 km를 간다고 할 때 한 사람이 가장 멀리 갈 수 있는 거리는 몇 km입니까? (단, 두 사람 모두 무사히 출발 지점으로 되돌아올 수 있어야 합니다.)

두 사람 모두 출발 지점으로 되돌아올 수 있어야 해.

다리 건너기

꼬마 요괴 넷이 어두운 밤에 다리를 건너야 합니다. 동시에 2명까지 건널 수 있고 손전등을 사용해야 하는데 하나뿐인 손전등은 17분 동안만 사용할 수 있습니다.

1 요괴 넷이 ㅣ7분 만에 무사히 다리를 건너는 방법을 알아봅시다.

❶ 장난 요괴와 뛰어 요괴가 다리를 건넌 다음 뛰어 요괴가 손전등을 들고 다시 출발점으로 되돌아옵니다. 몇 분 걸렸습니까?

❷ 울보 요괴와 한입 요괴가 손전등을 받아 다리를 건넜습니다. 몇 분 걸렸습니까?

❸ 이제 4분 남았습니다. 4분 만에 출발점에 있는 뛰어 요괴를 데리고 다리를 건너는 방법을 쓰시오.

[최단 시간 다리 통과]

2 다른 요괴 넷이 왼쪽과 똑같은 상황에서 다리를 건넙니다. 요괴 넷은 다리를 건너는데 각각 ㅣ분, 2분, 5분, 6분이 걸립니다. 요괴 넷이 모두 가장 빨리 다리를 건널 때 걸리는 시간은 몇 분입니까?

창의적 문제해결력

1 매일 2배가 되는 풀 하나를 연못에 심었더니 6일째에 연못에 풀이 가득 찼습니다.
3일째에 이 연못을 풀로 가득 채우려면 Ⅰ일째에 풀을 몇 개 심어야 합니까?

2 한입 요괴는 우유 한 컵의 절반을 마신 다음 물을 부어 컵을 다시 채우고 나갔습니다. 이번에는 장난 요괴가 절반을 마신 다음 다시 물로 채웠습니다. 마지막으로 잘난척 요괴가 컵을 든 것을 모두 마셨습니다. 세 요괴는 우유와 물 중 어느 것을 더 많이 마셨습니까?

3 가, 나, 다 세 사람이 각각 6일 동안 먹을 수 있는 식량을 가지고 사막을 출발하여 가장 멀리까지 탐험하려고 합니다. 하루 동안 15 km를 갈 수 있고 세 사람 모두 출발지로 무사히 돌아와야 합니다. 최대 몇 km까지 탐험할 수 있습니까?

4 달팽이가 15 m 높이의 우물을 기어올라갑니다. 낮에는 3 m 올라가고 밤에는 2 m 미끄러져 내려온다고 할 때, 우물 바닥에 있던 달팽이가 우물 위로 올라가는데 며칠이 걸립니까?

논리 해결

정답및 해설

누구나 쉽고 재미있게
사고력
수학
노크

정답및 해설

천재교육

천재교육

누구나 쉽고 재미있게
사고력
수학
노크

정답 및 해설

D4
(11~12세)

해결전략

여러 가지 방법으로 생각하기

1 간단히 생각하기

노크 원정대가 수학 비법이 숨겨져 있는 마법의 성에 도착하였습니다. 미로를 통과하여 수학 비법을 찾아보시오.

하나의 길을 따라 색칠한 다음 선을 그었습니다. 길과 선이 만나는 점의 개수에 따라 같은 길을 찾을 수 있습니다. 올바른 말을 찾아 ◯표 하시오.

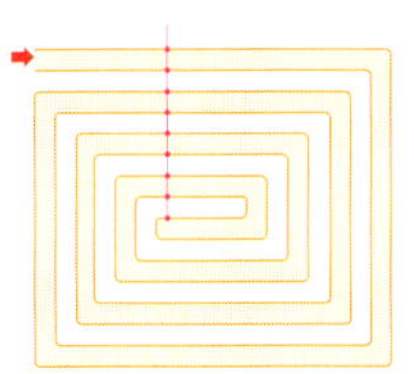

가운데의 출발 지점으로부터 점이 (홀수 짝수)개를 지나면 같은 길이고, 점이 (홀수 짝수)개를 지나면 다른 길입니다.

다람쥐가 도토리를 얻을 수 있는 길을 찾아보시오.

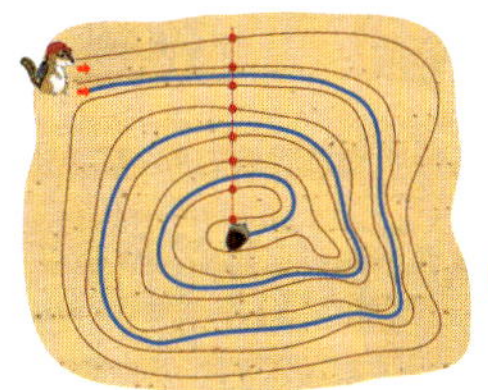

도토리가 있는 곳부터 위로 선을 긋고 길과 선이 만나는 곳에 점을 찍습니다. 도토리가 있는 곳부터 위로 점을 짝수 개 지나면 도토리를 얻을 수 있는 길을 찾을 수 있습니다.

노크 포인트

간단히 하여 해결하는 방법에는 두 가지가 있습니다.
① 복잡한 상황을 단순한 몇 개의 상황으로 나누어 해결합니다.
② 복잡한 상황에서 조건을 간단히하여 상황을 간단하게 만든 후 규칙을 찾습니다. 찾은 규칙을 복잡한 상황에 적용하여 문제를 해결합니다.

경우를 나누어 간단히 하기

다음 자음과 모음을 사용하여 만들 수 있는 글자의 수를 알아봅시다.

$$ㄱ \quad ㄴ \quad ㅁ \quad ㅏ \quad ㅗ$$

❶ 자음과 모음을 한 번씩만 사용하여 받침이 없는 글자를 모두 만들어 보시오. 몇 개입니까? **6개**

> 가 나, 마, 고, 노, 모

❷ 자음 2개와 모음 1개를 사용하여 받침이 있는 글자를 모두 만들어 보시오. 몇 개입니까? **12개**

> 나 감, 낙, 남, 막, 만, 곤, 곰, 녹, 놈, 목, 몬

❸ 만들 수 있는 글자는 모두 몇 개입니까? **18개**
6+12=18(개)

[깃발 신호]

1 다음 3개의 깃발이 있습니다. 깃발을 들어 올려서 보낼 수 있는 신호는 모두 몇 가지입니까? (단, 깃발의 순서는 생각하지 않고, 깃발을 하나라도 들어 올려야 합니다.) **7가지**

깃발을 1개 올릴 때: 3가지(①, ②, ③)
깃발을 2개 올릴 때: 3가지(①-②, ①-③, ②-③)
깃발을 3개 올릴 때: 1가지(①-②-③)
→ 3+3+1=7(가지)

[지불할 수 있는 금액]

2 다음 4개의 동전을 사용하여 지불할 수 있는 금액은 모두 몇 가지입니까? **15가지**

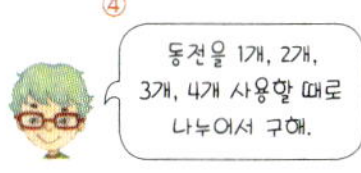

동전을 1개 낼 때: 4가지(①, ②, ③, ④)
동전을 2개 낼 때: 6가지(①-②, ①-③, ①-④, ②-③, ②-④, ③-④)
동전을 3개 낼 때: 4가지(①-②-③, ①-②-④, ①-③-④, ②-③-④)
동전을 4개 낼 때: 1가지(①-②-③-④)
→ 4+6+4+1=15(가지)

14 15

🐾 상황을 간단히 하기

토너먼트란 두 팀씩 경기를 하여 진 팀은 탈락하고 이긴 팀끼리 다음 경기를 하여 최종 승자를 가리는 경기 방식입니다. 어느 대회에 모두 64개 팀이 참가하였을 때 총 경기 수를 알아봅시다.

❶ 다음은 4개 팀, 5개 팀, 6개 팀이 참가할 때의 대진표입니다. 각 경기 수를 □ 안에 써넣으시오.

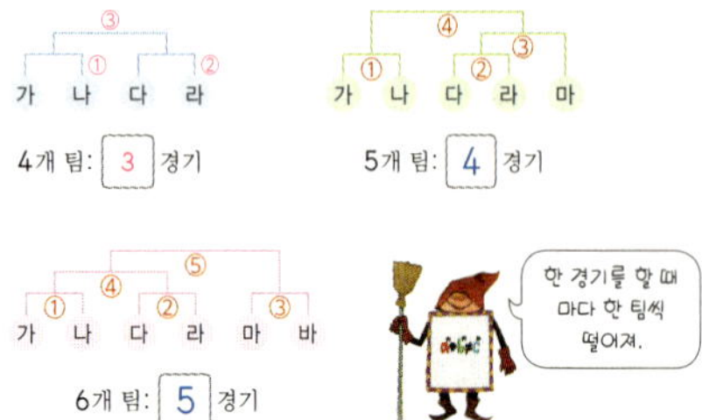

4개 팀: **3** 경기

5개 팀: **4** 경기

6개 팀: **5** 경기

❷ 대회에 참가한 팀의 수를 □, 토너먼트 경기 수를 ○라 할 때 □와 ○의 관계를 식으로 나타내시오.　○=□−1

토너먼트 경기 수는 대회에 참가한 팀 수보다 1 작습니다.

❸ 대회에 참가한 팀이 64개 팀일 때 토너먼트 경기 수를 구하시오.　**63번**
64−1=63(번)

[마주 보고 있는 학생]

1 전교생이 운동장에 원 모양으로 앉아 있습니다. 학생들 사이의 간격이 모두 같다고 할 때, 7번째 학생과 155번째 학생이 서로 마주 보고 있다면 전교생은 모두 몇 명입니까?　**296명**

7번째 학생과 155번째 학생 사이에는 양쪽에 155−7−1=147(명)씩 있으므로 전교생은 모두 147×2+2=296(명)입니다.

[토너먼트 피구 대회]

2 초니네 학교에서 피구 대회를 열었습니다. 토너먼트 방식으로 경기를 진행할 때 총 경기의 횟수가 15회입니다. 대회에 참가한 팀은 모두 몇 팀입니까?　**16 팀**
토너먼트의 경기 수는 팀수보다 1 작으므로 경기 횟수가 15인 대회에 참가한 팀은 16 팀입니다.

---

16 17

② 거꾸로 생각하기

딴짓 요괴와 한입 요괴가 길을 가다가 문을 지키는 스핑크스를 만났습니다.

한입 요괴가 욕심이 나서 문을 1번, 2번, 3번, 4번 통과하였더니 동전이 하나도 남지 않게 되었습니다.

한입 요괴가 처음 몇 개의 동전을 가지고 있었는지 알아보려고 합니다. 거꾸로 생각하여 표의 빈칸을 채워 보시오. 한입 요괴는 처음 몇 개의 동전을 가지고 있었습니까?　**15개**

횟수	문을 통과하기 전에 가진 돈	2배	2배한 돈	대가	문을 통과한 후 남은 돈
1번	15	×2	30	−16	14
2번	14	×2	28	−16	12
3번	12	×2	24	−16	8
4번	8	×2	16	−16	0

÷2　　　+16

🔵 딴짓 요괴가 문을 통과하려고 할 때 규칙이 바뀌었습니다.
딴짓 요괴가 새로운 규칙에 따라 문을 1번, 2번, 3번, 4번 통과하였더니 동전이 하나도 남아 있지 않게 되었습니다.
표를 완성하고, 딴짓 요괴가 처음 가지고 있던 동전의 개수를 구하시오.　**30개**

횟수	문을 통과하기 전에 가진 돈	대가	16개를 준 뒤에 가진 돈	2배	문을 통과한 후 남은 돈
1번	30	−16	14	×2	28
2번	28	−16	12	×2	24
3번	24	−16	8	×2	16
4번	16	−16	0	×2	0

+16　　　÷2

🧙 노른 포인트

결과부터 거꾸로 되짚어 가며 문제를 해결하는 방법을 거꾸로 풀기라고 합니다. 계산 결과가 주어지고 거꾸로 생각하여 처음 수를 구할 때에는 ×는 ÷로, +는 −로 생각하여 구합니다.

정답 및 해설　**3**

처음 받은 용돈

꼬마 요괴 셋이 함께 받은 용돈으로 상점에서 여러 가지 물건을 샀습니다. 요괴 셋이 받은 용돈은 모두 얼마인지 알아봅시다.

장난 요괴   한입 요괴   울보 요괴

❶ 연필은 얼마입니까? 200원
돈의 절반으로 연필을 사고 남은 돈이 200원이므로 연필값과 남은 돈의 액수가 같습니다.

❷ 울보 요괴가 한입 요괴에게 받은 돈은 얼마입니까? 400원
(울보 요괴가 받은 돈)=(연필 값)+200=400(원)

❸ 한입 요괴가 산 지우개 값과 장난 요괴에게 받은 돈을 차례로 쓰시오.
400원, 800원
남은 돈은 400원이고, 지우개 값이 남은 돈의 액수와 같으므로 지우개도 400원입니다.
따라서 장난 요괴에게 받은 돈은 모두 400+400=800(원)입니다.

❹ 장난 요괴가 스티커를 사기 전 받은 용돈은 얼마입니까? 1500원
800+700=1500(원)

[구슬의 개수]

1 멍하니 요괴는 매달 개수가 2배로 늘어나는 마법 구슬을 가지고 있습니다. 이번 달에 마법 구슬이 모두 128개가 되었다면 4개월 전 멍하니 요괴가 가지고 있었던 마법 구슬은 몇 개입니까? 8개

$$8 \xrightarrow[\div 2]{\times 2} 16 \xrightarrow[\div 2]{\times 2} 32 \xrightarrow[\div 2]{\times 2} 64 \xrightarrow[\div 2]{\times 2} 128$$

[가지고 있던 돈]

2 태경이는 문구점에서 각도기를 사는데 560원을 주고 남은 돈의 $\frac{1}{3}$을 사용하여 자를 샀습니다. 자를 사고 남은 돈이 360원일 때 각도기를 사기 전에 가지고 있던 돈은 얼마입니까? 1100원

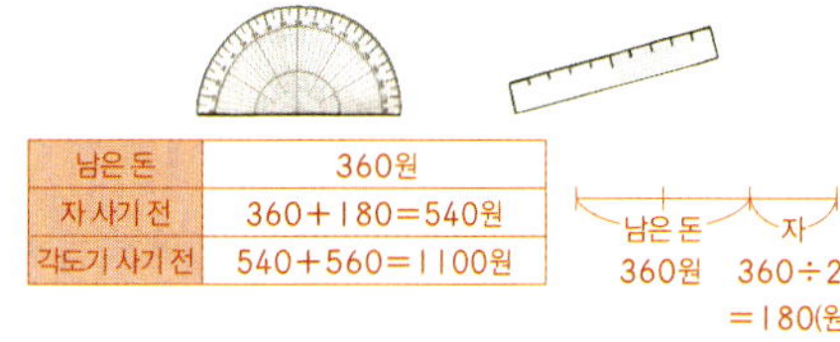

남은돈	360원
자 사기 전	360+180=540원
각도기 사기 전	540+560=1100원

남은 돈   자
360원   360÷2
=180(원)

욕심쟁이 성문지기

피보나치 수열로 유명한 중세 이탈리아의 수학자 피보나치는 여러 나라를 여행하면서 수학적 지식을 쌓았습니다. 1202년 이탈리아의 피사로 돌아온 피보나치는 인도, 아라비아 수 체계를 유럽인에게 소개하는 「산반서」라는 책을 쓰게 됩니다.

「산반서」에 있는 여러 가지 흥미로운 문제 중 하나가 「욕심쟁이 성문지기」 문제입니다. 이 문제를 해결하여 봅시다.

[처음 옥수수의 개수]

1 다섯 번째 성문지기를 통과한 후 남은 옥수수의 개수는 1개입니다. 각 성문지기를 통과한 후 옥수수의 개수와 처음 가지고 온 옥수수의 개수를 구하시오. 94개

성문지기	처음	1번째	2번째	3번째	4번째	5번째
개수	94	46	22	10	4	1

(46+1)×1 (22+1)×2 (10+1)×2 (4+1)×2 (1+1)×2

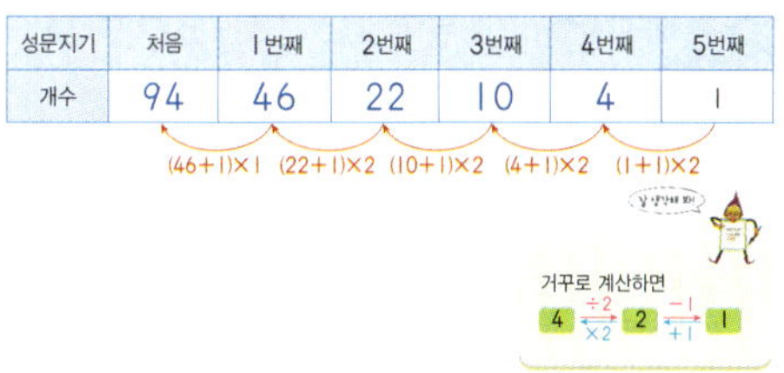

[처음 승객의 수]

2 버스가 종점에서 사람들을 태우고 정류장 4개를 지나갑니다.
첫 번째 정류장에서 승객의 반이 내리고 한 명이 탔습니다.
두 번째 정류장에서 승객의 반이 내리고 한 명이 탔습니다.
세 번째 정류장에서 승객의 반이 내리고 한 명이 탔습니다.
네 번째 정류장에서도 승객의 반이 내리고 한 명이 탔습니다.
정류장 4개를 지나고 버스에 남은 승객이 5명입니다.
처음 종점에서 버스에 탄 사람은 몇 명입니까? 50명

종점	1번째	2번째	3번째	4번째
50	26	14	8	5

(26−1)×2 (14−1)×2 (8−1)×2 (5−1)×2

---

4 D4 해결전략

③ 극단적으로 생각하기

상자 안에 모양과 크기가 같은 구슬 16개가 있습니다. 상자 안을 보지 않고 같은 색 구슬 3개를 꺼내려고 합니다.

구슬 11개를 꺼내면 아무리 운이 나빠도 같은 색 구슬 3개를 뽑을 수 있습니다.

주머니 안에 크기와 모양이 같은 5가지 색깔의 사탕이 3개씩 있습니다. 물음에 답하시오.

- 주머니에서 같은 색 사탕 2개를 항상 꺼내려면 적어도 몇 개의 사탕을 꺼내야 합니까?   6개

- 주머니에서 같은 색 사탕 3개를 항상 꺼내려면 적어도 몇 개의 사탕을 꺼내야 합니까?   11개

① 7명일 때는 생일이 모두 다른 요일일 수 있습니다. 그러나 8명일 때는 생일이 같은 요일인 학생이 항상 2명 이상 있습니다. 12명일 때는 생일이 모두 다른 달일 수 있습니다. 그러나 13명일 때는 생일이 같은 달인 학생이 항상 2명 이상 있습니다.

② 5개의 자물쇠와 그에 맞는 5개의 열쇠를 짝을 맞출 때 운이 가장 좋은 경우 4번 만에 맞출 수 있습니다. 그러나 운이 가장 나쁜 경우에는 $4+3+2+1=10$(번)만에 맞출 수 있습니다.

 같은 요일에 태어난 학생

태경이네 반 학생은 모두 22명입니다. 이들 중 같은 요일에 태어난 학생은 적어도 몇 명인지 알아봅시다.

❶ 반 학생이 7명이라면 다음과 같은 경우 같은 요일에 태어난 학생이 없습니다. 반 학생이 15명이라고 할 때 같은 요일에 태어난 학생은 적어도 몇 명입니까?   3명

요일	일	월	화	수	목	금	토	합계
학생 수(명)	1	1	1	1	1	1	1	7

❷ 22명 중에서 같은 요일에 태어난 학생은 적어도 몇 명입니까?   4명
15명부터 21명까지는 적어도 3명이 같은 요일에 생일이 있습니다.

[같은 달에 태어난 학생]

1 태경이 동생 태돌이네 학교 학생은 모두 125명입니다. 이들 중 같은 달에 태어난 학생은 적어도 몇 명입니까?   11명

$125÷12=10…5$, 각 달에 10명씩 태어났다고 생각했을 때 5명이 남습니다. 남은 학생들도 한 달에 1명씩 태어났다고 생각하면 같은 달에 태어난 학생은 적어도 11명입니다.

[같은 달 생일인 학생 뽑기]

2 같은 달에 생일이 있는 학생 3명이 반드시 있기 위해서는 적어도 몇 명의 학생을 뽑아야 합니까?   25명

$12×2=24$(명)이므로 24명까지는 적어도 2명이 같은 달에 태어났습니다. 따라서 적어도 3명의 생일이 같은 달이려면 $24+1=25$(명)을 뽑아야 합니다.

정답 및 해설 **5**

🐢 사물함에 맞는 열쇠

사물함 5개와 사물함에 맞는 열쇠 5개가 있습니다. 사물함에 맞는 열쇠를 찾기 위해서는 최소 몇 번, 최대 몇 번을 맞추어 보아야 하는지 알아봅시다.

❶ 1번 사물함의 열쇠를 찾을 때 운이 좋은 경우는 한 번에, 운이 나쁜 경우는 4번 만에 열쇠를 찾을 수 있습니다. 2번 사물함의 열쇠를 찾기 위해서는 최소 몇 번, 최대 몇 번 열쇠를 맞추어 보아야 합니까?

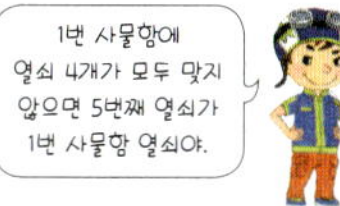

최소: ☐ 1 번   최대: ☐ 3 번

❷ ❶과 같은 방법으로 각 사물함에 맞는 열쇠를 찾기 위한 최소, 최대 횟수를 표에 나타내시오. 모든 사물함의 열쇠를 찾기 위한 최소, 최대 횟수는 몇 번입니까?

사물함	1번	2번	3번	4번	5번
최소	1	1	1	1	0
최대	4	3	2	1	0

최소: ☐ 4 번   최대: ☐ 10 번

[자물쇠와 열쇠]

1 자물쇠 4개와 자물쇠에 맞는 열쇠 4개가 있습니다. 자물쇠에 맞는 열쇠를 모두 찾기 위해 운이 가장 나쁜 경우 열쇠와 자물쇠를 몇 번 맞추어 보아야 합니까? 6번

$$3+2+1+0=6(번)$$

[방문 열기]

2 지오네 집 방문 6개가 모두 잠겼습니다. 각 방에 맞는 열쇠가 하나씩 있는데 어느 방의 열쇠인지 알 수 없습니다. 방문을 모두 열기 위해서는 최소 몇 번, 최대 몇 번 열어 보아야 합니까? 최소 6번, 최대 21번

문 6개와 열쇠 6개가 있을 때 짝을 찾기 위해서는 첫 번째 문에서 최대 5번만 시도하면 되지만, 문을 열기 위해서는 짝을 찾은 열쇠로 문을 여는 과정이 필요하므로 최대 6번 시도해야 합니다.

최소: 6번

최대: $6+5+4+3+2+1=21(번)$

👩 창의적 문제해결력

1 다음 숫자 카드를 한 번씩 사용하여 만들 수 있는 수는 모두 몇 개입니까? 15개

한 자리 수: 3개(1, 3, 6)
두 자리 수: 6개(13, 16, 31, 36, 61, 63)
세 자리 수: 6개(136, 163, 316, 361, 613, 631)
→ $3+6+6=15(개)$

2 한입 요괴의 나이를 구해 보시오. 11살

거꾸로 생각하기로 문제를 해결합니다.

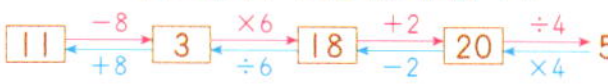

📹 동영상 특강
QR 코드를 찍어 보세요♪

3 할머니가 감자를 가지고 5개의 다리를 건너갑니다. 다리를 건널 때마다 도둑을 만났는데 가지고 있는 감자의 절반을 주면 도둑이 감자 1개를 돌려줍니다. 할머니가 다리를 모두 건너고 나니 남은 감자가 3개뿐이었습니다. 처음 있었던 감자는 몇 개입니까? 34개

처음	1번째	2번째	3번째	4번째	5번째
34	18	10	6	4	3

4 서랍 안에 흰색 양말과 검은색 양말이 각각 6개씩 섞여 있습니다. 서랍 안을 보지 않고 양말을 꺼낼 때 항상 흰색 양말과 검은색 양말을 각각 한 켤레씩 꺼내려면 적어도 양말 몇 개를 꺼내야 합니까? 8개

가장 운이 나쁜 경우는 6개를 꺼냈을 때 모두 같은 색인 경우입니다. 따라서 양말 2개를 더 꺼내서 색이 다른 양말을 한 켤레 만들어야 합니다.

시행착오와 강 건너기

4 재치있게 풀기

한입 요괴와 장난 요괴가 택시를 탔습니다. 장난 요괴가 $\frac{1}{2}$ 지점에서 먼저 내리고, 한입 요괴가 내리면서 택시요금으로 4000원을 냈습니다.

아인이가 택시비를 공평하게 나누는 법을 알려줍니다.

한입 요괴와 장난 요괴가 택시비를 공평하게 내려면 장난 요괴가 한입 요괴에게 얼마를 주어야 합니까? **1000원**

$\frac{1}{2}$ 지점까지의 요금 2000원을 한입과 장난이 똑같이 나누어 내야하므로 1000원씩 내면 됩니다.

태경, 초이, 지오가 같이 택시를 탔습니다. $\frac{1}{3}$ 지점에서 초이가 내리고, $\frac{2}{3}$ 지점에서 지오가 내렸습니다. 마지막에 태경이가 내리면서 택시 요금으로 9000원을 냈습니다. 세 사람이 공평하게 택시 요금을 낸다고 할 때 초이와 지오는 태경이에게 각각 얼마를 주어야 합니까?

초이: **1000** 원   지오: **2500** 원

초이: $3000 \div 3 = 1000$(원)
지오: $3000 \div 3 + 3000 \div 2 = 2500$(원)
태경: $9000 - (1000 + 2500) = 5500$(원)

개념 포인트

① 택시비 나누기: 구간을 나누어 각 구간의 택시비를 계산한 다음 각 구간에 탄 명 수로 나누어 계산합니다.
② 고양이와 쥐: 1일 동안 고양이 1마리가 쥐 1마리를 잡는다면 10일 동안 고양이 10마리는 쥐 100마리를 잡습니다.
③ 빈 병 바꾸기: 빈 병을 모아서 갖다주면 새 음료수로 바꾸어준다고 할 때 받은 새 음료수의 빈 병도 생각해야 합니다.
④ 연못의 연꽃: 연못의 연꽃이 매일 2배가 된다고 할 때, 어느 날 그 연못을 연꽃이 모두 덮었다면 그 연못의 절반을 덮은 것은 그 전날입니다.

구간을 나누는 문제

딴소리 요괴가 1층부터 4층까지 계단을 걸어 올라가는데 60초가 걸렸습니다. 같은 빠르기로 1층부터 8층까지 계단을 올라가는데 걸리는 시간은 몇 초인지 알아봅시다.

❶ 1층부터 4층까지는 몇 개층을 올라가야 합니까? **3개층**

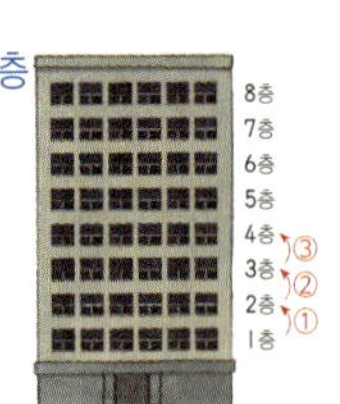

❷ 1층부터 4층까지 60초가 걸렸습니다. 한 층을 올라가는데 걸리는 시간은 몇 초입니까? **20초**

$60 \div 3 = 20$(초)

❸ 1층부터 8층까지는 몇 개 층을 올라가야 합니까? 또, 1층부터 8층까지 올라가는데 걸리는 시간은 몇 초입니까? **7개층, 140초**

$8 - 1 = 7$(개층)
$20 \times 7 = 140$(초)

[나무 심기]

1 길이가 60m인 길의 한 쪽에 6m 간격으로 나무를 심으려고 합니다. 필요한 나무는 모두 몇 그루입니까? (단, 길의 처음과 끝에 나무를 심습니다.) **11그루**

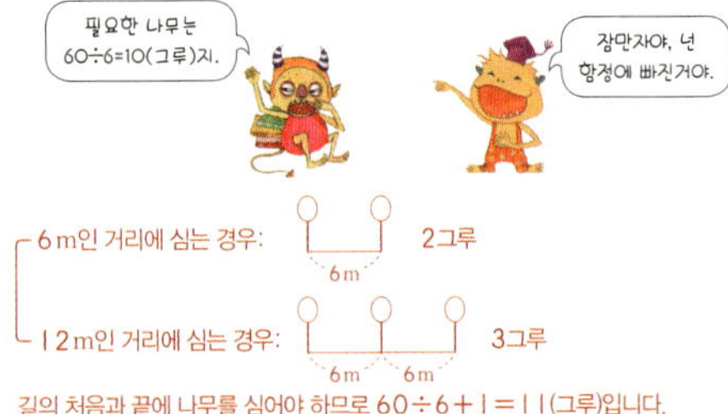

6m인 거리에 심는 경우:　2그루
（6m）
12m인 거리에 심는 경우:　3그루
（6m　6m）

길의 처음과 끝에 나무를 심어야 하므로 $60 \div 6 + 1 = 11$(그루)입니다.

[통나무 자르기]

2 통나무를 10토막으로 자르려고 합니다. 통나무를 한 번 자르는데 2분이 걸린다면 10토막으로 자를 때 걸리는 시간은 몇 분입니까? **18분**

통나무를 10토막으로 자르려면 모두 9번 잘라야하므로 걸리는 시간은 모두 $9 \times 2 = 18$(분)입니다.

정답 및 해설 **7**

함정이 있는 문제

연못에 심은 연꽃 하나가 매일 2배가 됩니다. 8일째 되는 날에 연못을 완전히 덮었다고 할 때 4일째 되는 날 연꽃은 연못의 얼마만큼을 덮고 있었는지 알아봅시다.

❶ 8일째 연못을 완전히 덮었다면 그 전날인 7일째에서 연못을 어느 정도 덮고 있었는지 분수로 나타내시오.

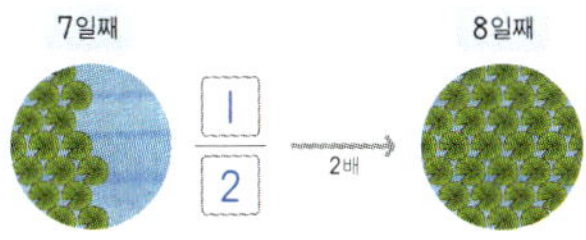

❷ 6일째에는 7일째의 반만큼 연꽃이 연못을 덮었습니다. 6일째에 어느 정도 덮고 있었는지 분수로 나타내시오. $\frac{1}{4}$

4일째	5일째	6일째	7일째	8일째
$\frac{1}{16}$	$\frac{1}{8}$	$\frac{1}{4}$	$\frac{1}{2}$	1

❸ 같은 방법으로 4일째에 연꽃은 연못을 어느 정도 덮고 있었는지 분수로 나타내시오. $\frac{1}{16}$

---

1 10일 동안 고양이 10마리가 쥐를 10마리 잡습니다. 100일 동안 고양이 100마리는 쥐 몇 마리를 잡습니까? 1000마리

고양이 10마리가 10일 동안 쥐 10마리를 잡습니다.
고양이 1마리는 10일 동안 쥐 1마리를 잡습니다.
고양이 100마리는 10일 동안 쥐 100마리를 잡습니다.
고양이 100마리는 100일 동안 쥐 1000마리를 잡습니다.

2 어느 가게에서 빈 병 3개를 새 음료수 1병으로 바꾸어 줍니다. 음료수를 9병 사면 몇 병까지 마실 수 있습니까? 13병

---

⑤ 시행착오

1898년 미국의 심리학자 손 다이크는 동물의 학습 실험 결과를 발표하였습니다. 고양이를 문을 여는 장치를 설치한 문제 상자(Puzzle Box) 안에 넣어두면 고양이는 긁거나 깨무는 등의 여러 가지 행동을 하다가 우연히 문을 여는 장치를 건드려서 탈출에 성공하게 됩니다.

다시 고양이를 문제 상자 안에 넣어두면 다시 탈출하게 되는데 이것을 되풀이하면 고양이의 탈출 시간이 점점 줄어든다는 것을 알 수 있습니다.
이것을 손 다이크의 문제 상자 실험이라고 하고 이 실험을 통해 동물의 시행착오(Trial Error) 학습 원리를 발견하게 되었습니다.

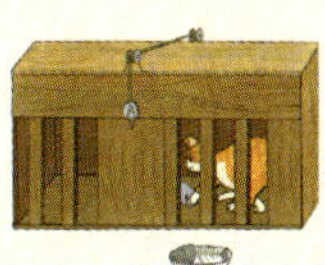

☑ 손 다이크는 고양이의 문제 상자 실험 이전에 병아리를 미로 안에 넣어 병아리가 어떻게 길을 찾아내는지를 관찰하였습니다. 그는 병아리들이 같은 미로에 반복적으로 들어가게 되면 점차 미로를 빠져나가는 시간이 줄어든다는 사실을 확인하였습니다.
병아리가 먹이를 찾아 나가는 길을 그려 보시오.

노크 포인트

시행착오(Trial Error)는 계획이나 통찰없이 맹목적으로 시행을 되풀이하는 것을 말합니다. 미국의 심리학자 손 다이크는 고양이의 문제 상자 실험에서 시행착오에 의해 동물의 학습이 성립하는 것을 발견하고 이것을 시행착오 학습이라 이름 지었습니다.
시행착오의 학습 원리는 끊임없는 시도로 실패를 반복하지만 점차 해결책에 가까워지는 방법입니다.
수학에서는 통찰력을 이용하여 시행착오의 횟수를 줄여나가며 문제를 해결해야 합니다.

---

8 D4 해결전략

랭퍼드 문제

다음과 같은 숫자칩 6개가 있습니다. 이 숫자칩을 1과 1 사이에 1개의 칩, 2와 2사이에 2개의 칩, 3과 3 사이에 3개의 칩이 있게 배열하여 봅시다.

준비물 숫자칩

❶ 1과 1 사이에 1개의 숫자칩을 배열하는 방법은 다음과 같이 4가지가 있습니다. 2와 2 사이에 2개의 숫자칩을 배열하는 방법을 그리시오. 모두 몇 가지입니까?

3가지

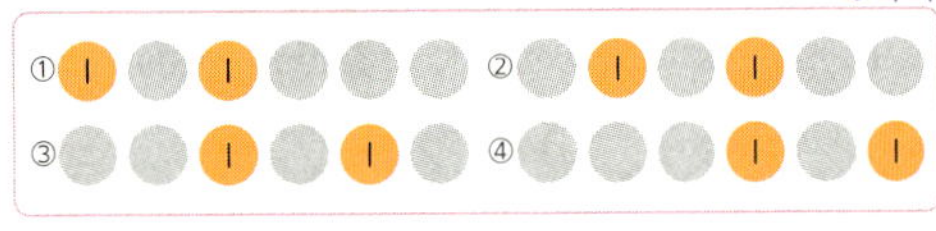

❷ 3과 3 사이에 3개의 숫자칩을 배열하는 방법을 그리시오. 모두 몇 가지입니까?

2가지

❸ 어떤 수부터 배열하는 것이 시행착오를 줄일 수 있습니까?   3
방법의 수가 적은 것부터 하는 것이 시행착오를 줄일 수 있습니다.

❹ 조건에 맞게 칩을 배열하시오.

또는

[4쌍 랭퍼드 문제]

1 다음 숫자칩을 한 번씩 사용하여 1과 1 사이에 1개의 칩, 2와 2 사이에 2개의 칩, 3과 3 사이에 3개의 칩, 4와 4 사이에 4개의 칩이 오도록 배열하시오.

준비물 숫자칩

또는

시행착오를 줄이는 단서

다음 ○ 안에 1부터 8까지의 수를 한 번씩 쓰시오. (단, 선으로 연결된 ○에는 연속된 두 수를 넣을 수 없습니다.)

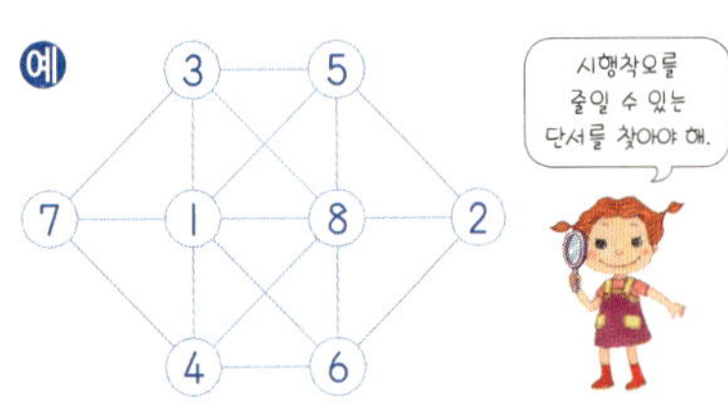

예

❶ 1부터 8까지의 수 중에서 연속된 수가 1개인 수 2개를 쓰시오.   1, 8

❷ ○에 연결된 선의 개수에 맞게 표에 기호를 쓰시오.

선의 개수	3개	4개	6개
칸	㉠, ㉭	㉡, ㉢, ㉣, ㉯	㉣, ㉮

❸ 연결된 선이 가장 많은 칸에 ❶에서 찾은 수를 넣고 나머지 수를 조건에 맞춰 써넣으시오.

[화살표 큰 수]

1 다음 ○ 안에 1부터 5까지의 수를 쓰시오. (단, 화살표가 가리키는 수가 더 큽니다.)

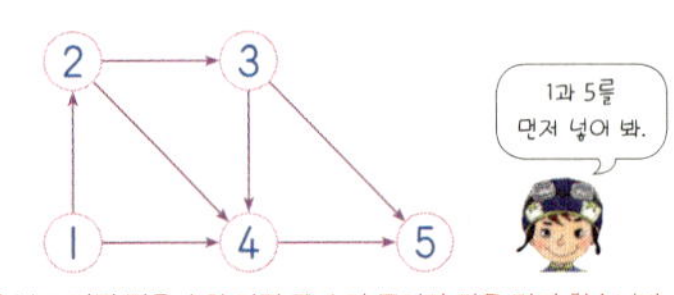

화살표의 방향을 보고 가장 작은 수와 가장 큰 수가 들어갈 칸을 먼저 찾습니다.

[수 넘기]

2 다음 ○ 안에 1부터 8까지의 수를 쓰시오. (단, 선으로 연결된 ○에는 연속된 수를 넣을 수 없습니다.)

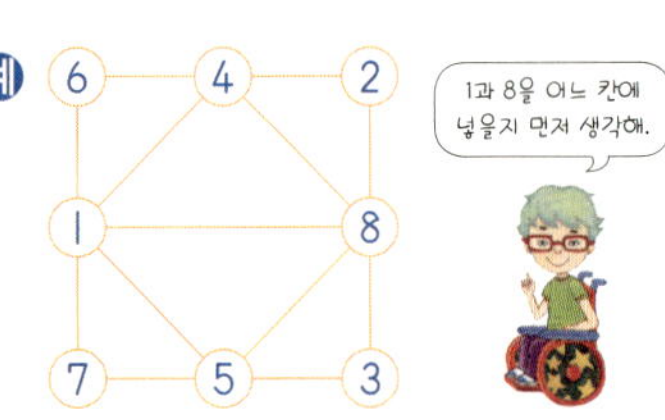

예

정답 및 해설 **9**

⑥ 강 건너기

개 1마리, 염소 1마리, 배추 1포기를 가진 농부가 강을 건너려고 배를 빌렸습니다. 이 배에는 농부가 개, 염소, 배추 중 하나만 데리고 탈 수 있습니다.
개와 염소만 남기면 개가 염소를 쫓아내고, 염소와 배추만 남기면 염소가 배추를 먹습니다.

농부가 개와 염소와 배추를 모두 안전하게 강을 건너는 방법입니다. ☐ 안에 개, 염소, 배추 중 알맞은 말을 써넣으시오.

① 농부가 **염소**를 데리고 강을 건넌 다음, 혼자 강을 건너 되돌아옵니다.

② 농부가 개를 데리고 강을 건넌 다음, **염소**를 데리고 되돌아옵니다.

③ 농부가 **염소**를 놓고, 배추를 가지고 강을 건넌 다음, 혼자 되돌아옵니다.

④ 농부가 **염소**를 데리고 강을 건너갑니다.

한입 요괴와 멍하니 요괴의 몸무게는 각각 10 kg이고, 딴소리 요괴의 몸무게는 20 kg입니다. 세 요괴가 강을 건너야 하는데 배에는 한 번에 20 kg까지만 탈 수 있습니다. 세 요괴가 안전하게 강을 건너는 방법을 쓰시오.

① 한입 요괴와 멍하니 요괴가 배를 타고 강을 건너갑니다. 한입(멍하니) 요괴만 배를 타고 돌아옵니다.

② 딴소리 요괴가 배를 타고 강을 건넙니다. 멍하니(한입) 요괴가 배를 타고 돌아옵니다.

③ 한입 요괴와 멍하니 요괴가 배를 타고 강을 건넙니다.

노크 포인트

세 명의 선교사와 세 명의 식인종이 두 사람이 탈 수 있는 배를 타고 강을 건너 갑니다. 단, 식인종이 선교사보다 많으면 식인종은 선교사를 잡아먹습니다. 모두 안전하게 강을 건너 봅시다.

순서	강 건너기	순서	강 건너기
①	선교사3 식인종1 —(식인종2)→ 식인종2	⑦	식인종2 —(선교사2)→ 선교사3 식인종1
②	선교사3 식인종2 ←(식인종1)— 식인종1	⑧	식인종3 ←(식인종1)— 선교사3
③	선교사3 —(식인종2)→ 식인종3	⑨	식인종1 —(식인종2)→ 선교사3 식인종2
④	선교사3 식인종1 ←(식인종1)— 식인종2	⑩	식인종2 ←(식인종1)— 선교사3
⑤	선교사1 식인종1 —(선교사2)→ 선교사2 식인종2	⑪	—(식인종2)→ 선교사3 식인종3
⑥	선교사2 식인종2 ←(선교사1 식인종1)— 선교사1 식인종1		

🛡 사막 통과

어느 구호 단체에서 사막을 통과하여 의약품을 전달합니다. 한 사람이 사막을 건너가는데 6일이 걸리고 각각 최대 4일 동안 먹을 수 있는 식량을 가지고 갈 수 있습니다. 의약품은 가벼워서 한 사람이 식량과 함께 가지고 갈 수 있다고 합니다.

---

1 [사막 횡단 계획]
다음은 의약품을 보급하기 위한 가, 나, 다 세 사람의 사막 횡단 계획표입니다. 빈 곳을 채우시오.

사막 횡단 계획표

일정	내용			남은 식량(일치)		
	가	나	다	가	나	다
출발	4일치 식량 준비	4일치 식량 준비	4일치 식량과 의약품	4	4	4
1일차	나와 다에게 1일치씩 식량을 주고 되돌아감	1일치 식량을 받음	1일치 식량을 받음	3↓1	3↓4	3↓4
2일차	출발지로 되돌아옴	다에게 1일치 식량을 주고 되돌아감.	1일치 식량을 받음	0	3↓**2**	3↓**4**
4일차		출발지로 되돌아옴	사막 횡단함		0	2
6일차			사막 횡단 후 도착지에 도착			0

2 [사막 탐험 최대 거리]
두 사람이 사막을 여행합니다. 한 사람이 한 번에 들고 갈 수 있는 음식은 9일치이고 하루 동안 20 km를 간다고 할 때 한 사람이 가장 멀리 갈 수 있는 거리는 몇 km입니까? (단, 두 사람 모두 무사히 출발 지점으로 되돌아올 수 있어야 합니다.) **120 km**

두 사람 가, 나가 여행한다고 할 때

① 3일 동안 간 후 가는 나에게 3일치 식량을 주고 출발 지점으로 되돌아갑니다.

② 나는 3일을 더 여행한 후 출발 지점으로 되돌아갑니다.

가장 멀리 간 거리는 6일 동안 간 경우이므로
$6 \times 20 = 120$ (km)입니다.

🪵 다리 건너기

꼬마 요괴 넷이 어두운 밤에 다리를 건너야 합니다. 동시에 2명까지 건널 수 있고 손전등을 사용해야 하는데 하나뿐인 손전등은 17분 동안만 사용할 수 있습니다.

[17분 만에 다리 건너기]

1 요괴 넷이 17분 만에 무사히 다리를 건너는 방법을 알아봅시다.

❶ 장난 요괴와 뛰어 요괴가 다리를 건넌 다음 뛰어 요괴가 손전등을 들고 다시 출발점으로 되돌아옵니다. 몇 분 걸렸습니까? 3분

❷ 울보 요괴와 한입 요괴가 손전등을 받아 다리를 건넜습니다. 몇 분 걸렸습니까? 10분

❸ 이제 4분 남았습니다. 4분 만에 출발점에 있는 뛰어 요괴를 데리고 다리를 건너는 방법을 쓰시오.

장난 요괴가 손전등을 받아 다리를 건넌 다음 뛰어 요괴와 함께 돌아옵니다.

[최단 시간 다리 통과]

2 다른 요괴 넷이 왼쪽과 똑같은 상황에서 다리를 건넙니다. 요괴 넷은 다리를 건너는데 각각 1분, 2분, 5분, 6분이 걸립니다. 요괴 넷이 모두 가장 빨리 다리를 건널 때 걸리는 시간은 몇 분입니까? 13분

$$⑤, ⑥ \xrightarrow{①, ② \rightarrow 2분} ①, ②$$
$$①, ⑤, ⑥ \xleftarrow{① \rightarrow 1분} ②$$
$$① \xrightarrow{⑤, ⑥ \rightarrow 6분} ②, ⑤, ⑥$$
$$①, ② \xleftarrow{② \rightarrow 2분} ⑤, ⑥$$
$$\xrightarrow{①, ② \rightarrow 2분} ①, ②, ⑤, ⑥$$

$$2+1+6+2+2=13(분)$$

🎀 창의적 문제해결력

1 매일 2배가 되는 풀 하나를 연못에 심었더니 6일째에 연못에 풀이 가득 찼습니다. 3일째에 이 연못을 풀로 가득 채우려면 1일째에 풀을 몇 개 심어야 합니까? 8개

1일째	2일째	3일째	4일째	5일째	6일째
1	2	4	8	16	32

첫날 풀을 1이라고 하면 6일째 풀의 양은 32입니다.
3일째 풀의 양은 1일째의 4배이므로 1일째에 연못에 풀을 8개 심어야
3일째에 풀의 양이 $4 \times 8 = 32$가 되어 연못을 다 덮을 수 있습니다.

2 한입 요괴는 우유 한 컵의 절반을 마신 다음 물을 부어 컵을 다시 채우고 나갔습니다. 이번에는 장난 요괴가 절반을 마신 다음 다시 물로 채웠습니다. 마지막으로 잘난척 요괴가 컵을 든 것을 모두 마셨습니다. 세 요괴는 우유와 물 중 어느 것을 더 많이 마셨습니까? 우유와 물을 마신 양이 같습니다.

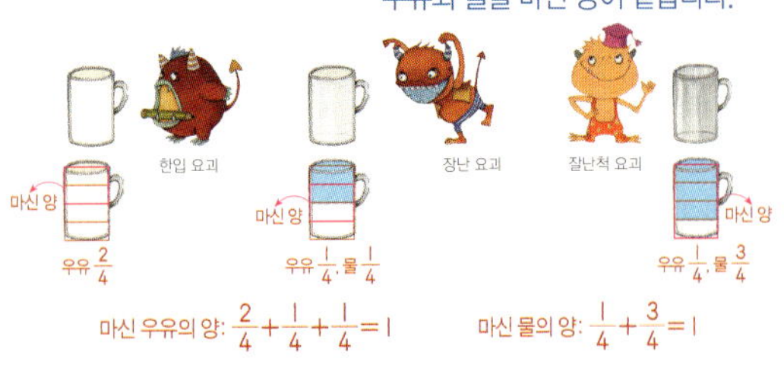

마신 우유의 양: $\frac{2}{4} + \frac{1}{4} + \frac{1}{4} = 1$ 마신 물의 양: $\frac{1}{4} + \frac{3}{4} = 1$

📹 동영상 특강
QR 코드를 찍어 보세요!!!

3 가, 나, 다 세 사람이 각각 6일 동안 먹을 수 있는 식량을 가지고 사막을 출발하여 가장 멀리까지 탐험하려고 합니다. 하루 동안 15 km를 갈 수 있고 세 사람 모두 출발지로 무사히 돌아와야 합니다. 최대 몇 km까지 탐험할 수 있습니까? 60 km

① 가는 2일째에 나, 다에게 식량을 1일치씩 나누어 주고 되돌아옵니다.
② 나는 3일째에 다에게 식량을 1일치씩 나누어 주고 되돌아옵니다.
③ 다는 4일째까지 탐험을 하고 되돌아옵니다. 다는 $15 \times 4 = 60$(km)까지 탐험하였습니다.

4 달팽이가 15 m 높이의 우물을 기어올라갑니다. 낮에는 3 m 올라가고 밤에는 2 m 미끄러져 내려온다고 할 때, 우물 바닥에 있던 달팽이가 우물 위로 올라가는데 며칠이 걸립니까? 13일

낮에는 3 m 올라가고 밤에는 1 m 내려오므로 12일째 밤까지 달팽이는 12 m 올라갔습니다. 13일째 낮에 15 m를 올라가서 우물 위로 가므로 달팽이는 밤에 다시 내려가지 않습니다.
따라서 우물 위로 올라가는데 모두 13일이 걸립니다.

정답 및 해설 **11**

논리 해결

7 브레인 티져

신대륙을 발견한 콜럼버스에게 많은 찬사가 쏟아졌지만 그를 시기하는 사람 또한 많았습니다.

이 말을 들은 콜럼버스는 달걀 하나를 들고 사람들에게 세워 보라고 하였습니다. 사람들이 달걀을 세워 보려고 애를 썼지만 달걀을 세우지 못하자 콜럼버스는 달걀 끝을 탁자에 톡톡 쳐서 깬 다음 깨진 쪽이 밑으로 가게 해서 달걀을 세웠습니다.

위의 이야기는 '콜럼버스의 달걀'이라 불리는 유명한 일화입니다. 콜럼버스는 남이 생각하지 못한 일을 처음으로 하였기 때문에 위대한 것입니다.

동전 2개를 옮겨 정사각형 모양을 만드시오. 움직이는 동전에 ✕표, 새로 옮기는 곳에 ◯표 하시오.

동전 몇 개를 움직여서 가로, 세로로 한 줄에 놓인 동전의 수가 5개가 되도록 만들어 보시오. 움직이는 동전에 ✕표, 새로 옮기는 곳에 ◯표 하시오.

예

동전 2개를 가로줄과 세로줄이 겹치는 곳의 동전 위에 올립니다.

노크 포인트

후지산을 어떻게 옮길까? 스쿨 버스 한 대에는 골프공이 몇 개나 들어갈까? 이 문제는 마이크로소프트 사와 구글 사의 입사 시험 문제로 알려져 있습니다. 이러한 문제를 브레인 티져(Brain – Teaser)라고 하는데 그대로 해석하면 머리를 괴롭히는 문제라는 뜻입니다.
브레인 티져 문제는 기존의 방법이 아닌 콜럼버스의 달걀처럼 발상의 전환을 필요로 합니다.

발상의 전환

함께 여행하는 세 사람이 10000원씩 걷어 30000원을 숙박비로 냈습니다. 주인은 늦은 밤이라 깎아주겠다며 일하는 꼬마에게 5000원을 주고 돌려주라고 하였습니다. 꼬마는 몰래 2000원을 갖고 3000원만 돌려주었고, 세 사람은 1000원씩 나누어 가졌습니다.

울보 요괴의 말대로 1000원은 어디로 사라진 것인지 알아봅시다.

[발상의 전환]

1 다음 수 중 가장 작은 수를 찾아 기호를 쓰시오. ◎

> ㉠ 우리나라 모든 강의 모래알을 더한 수
> ㉡ 전 세계 사람들의 머리카락 수를 곱한 수
> ㉢ 우리나라 모든 성인들의 나이를 곱한 수
> ㉣ 지구 상에 있는 모든 개미와 모기를 더한 수

사람들 중 머리카락이 없는 사람도 있습니다. 따라서 ㉡의 값은 0입니다.

[컵 옮기기]

2 다음과 같이 6개의 컵 중 연속된 3개의 컵에 물이 들어 있습니다. 컵을 한 개만 움직여서 빈 컵과 물이 든 컵이 번갈아 있게 하는 방법을 쓰시오.

컵 ㉤의 물을 컵 ㉡에 붓습니다.

효과적인 해결

어느 목장에 25마리의 경주마가 있습니다. 이 중 가장 빠른 말 3마리를 골라 경주에 내보내려고 합니다. 타이머가 없이 경주를 시켜서 말을 뽑아야 하는데 한 경주에 다섯 마리씩 뛸 수 있습니다. 최소한의 경주 횟수를 알아봅시다.

❶ 잘난척 요괴의 방법대로 하면 몇 번 경기를 해야 합니까? 6번

❷ 6번째 경주까지의 결과입니다. 6번째 경기에서 1등을 한 말 가①은 가장 빠른 말입니다. 1번째 경주에서 2등, 3등을 한 말 가②, 가③은 가장 빠른 말 세 마리 안에 들어갈 수도 있습니다.

세 마리의 가장 빠른 말을 찾기 위해서 7번째 경주에 참가할 말의 기호를 쓰시오.

경주	1등	2등	3등	4등	5등
1번째	가①	가②	가③	가④	가⑤
2번째	나①	나②	나③	나④	나⑤
3번째	다①	다②	다③	다④	다⑤
4번째	라①	라②	라③	라④	라⑤
5번째	마①	마②	마③	마④	마⑤
6번째	가①	나①	다①	라①	마①

가② ─ 가③ ─ 나① ─ 나② ─ 다①

❸ 가장 빠른 말 세 마리를 뽑기 위해 최소한 몇 번 경주를 해야 합니까? 7번

[구슬의 무게 순서]

1 모양과 크기는 같지만 무게가 모두 다른 4개의 구슬이 있습니다. 양팔 저울을 이용하여 구슬의 무게 순서를 알아보려고 합니다. 물음에 답하시오.

❶ 아주 운이 좋은 경우에는 몇 번만에 구슬의 무게 순서를 알 수 있습니까? 3번

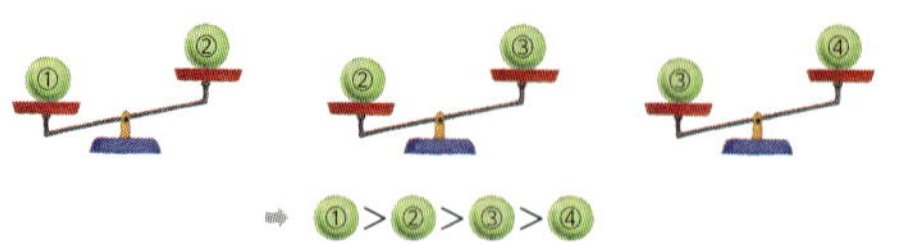

➡ ① > ② > ③ > ④

❷ 양팔 저울을 사용하여 구슬 2개의 무게 순서를 몇 번 만에 알 수 있습니까? 1번

❸ 구슬이 3개인 경우 구슬을 2개씩 비교하여 3번만에 구슬의 무게 순서를 알 수 있습니다.

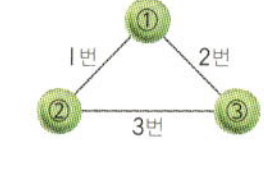
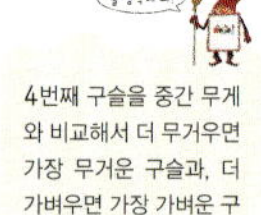

4번째 구슬을 비교할 때 중간 무게와 비교하면 횟수를 줄일 수 있습니다. 모두 몇 번만에 무게의 순서를 알 수 있습니까? 5번

---

⑧ 패리티

귀퉁이가 잘려나간 체스판이 있습니다. 꼬마 요괴들이 이 체스판 위를 도미노를 사용하여 모두 채우려고 합니다.

도미노를 사용하여 귀퉁이가 잘려나간 체스판을 채울 수 없습니다. 31개의 도미노를 사용하여 62칸짜리 판을 채워보는 방법은 매우 많고 일일이 해 보기란 매우 어려운 일입니다. 하지만 수학적으로 체스판을 채울 수 없다는 것을 논리적으로 밝힐 수 있습니다.

> 체스판의 잘려나간 부분은 검은색이 칠해진 부분으로 흰색 32칸, 검은색 30칸이 있습니다.
> 도미노로 체스판을 덮을 때는 항상 검은색 1칸과 흰색 1칸을 덮게 됩니다.
> 따라서 도미노 31개로는 흰색 31칸, 검은색 31칸을 덮게 됩니다.
> 주어진 체스판은 흰색 32칸, 검은색 30칸이므로 도미노로 판을 덮을 수 없습니다.

다음 중 도미노로 모든 칸을 덮을 수 있는 판을 고르시오. ㉢

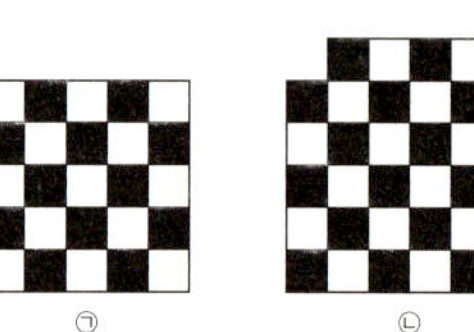
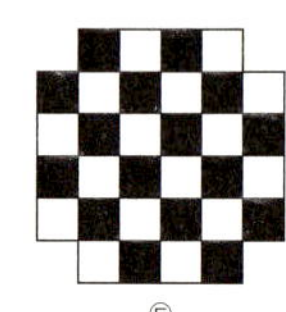

㉠	㉡	㉢
검은색 12칸	검은색 18칸	검은색 16칸
흰색 13칸	흰색 16칸	흰색 16칸

노크 포인트

홀수와 짝수의 성질

(홀수)+(홀수)=(짝수)	(홀수)×(홀수)=(홀수)
(홀수)+(짝수)=(홀수)	(홀수)×(짝수)=(짝수)
(짝수)+(짝수)=(짝수)	(짝수)×(짝수)=(짝수)
(홀수)+……+(홀수)=(홀수)	(홀수)+……+(홀수)=(짝수)
홀수 개	짝수 개

홀수와 짝수가 갖는 성질을 **패리티**(Parity)라고 합니다. 패리티는 복잡한 상황을 간단한 홀짝 두 가지 경우로 만들어 시행착오를 거치지 않고 문제를 해결하는 방법입니다. 도미노 채우기도 패리티를 이용하여 복잡한 경우를 간단히 해결한 것입니다.

정답 및 해설 **13**

홀수와 짝수

구슬 99개를 꼬마 요괴들이 나누어 갖습니다. 홀수 개의 구슬을 가진 요괴가 홀수 명인지, 짝수 명인지 알아봅시다.

❶ 전체 구슬의 개수는 홀수입니까? 짝수입니까? 홀수

❷ 짝수 개의 구슬을 가진 요괴들의 구슬의 수를 모두 더하면 짝수 개입니다. 홀수 개의 구슬을 가진 요괴들의 구슬의 수를 모두 더하면 홀수 개입니까? 짝수입니까? 홀수
(짝수)+(홀수)=(홀수)이고 99는 홀수이므로 홀수 개의 구슬을 가진 요괴들이가진 구슬의 합은 홀수입니다.

❸ 홀수 개의 구슬을 가진 요괴가 홀수 명입니까? 짝수 명입니까? 홀수

[계산 결과]

1 다음 계산 결과가 홀수인지 짝수인지 ☐ 안에 써넣으시오.

❶ $1+2+3+\cdots\cdots+99$ ⇒ 짝수

연속한 두 수씩 짝을 지으면 짝지은 두 수의 합은 모두 홀수이고 99가 남습니다. 99는 홀수이므로 (홀수)+(홀수)=(짝수)입니다.

❷ $1\times2\times3\times\cdots\cdots\times99$ ⇒ 짝수

1부터 99까지의 수에는 짝수가 있으므로 (홀수)×(짝수)=(짝수)입니다.

[합이 100이 안되는 이유]

2 다음 수 카드 중 5장을 뽑아 수의 합이 100이 되는 경우를 만들어 보시오. 만들 수 없다면 그 이유를 쓰시오. 카드의 수가 모두 홀수이므로 홀수를 홀수 번 더하여 짝수인 100을 만들 수 없습니다.

자리 옮기기

꼬마 요괴 아홉이 다음과 같이 정사각형 모양으로 앉아 있습니다. 모든 요괴가 앞과 뒤, 오른쪽과 왼쪽 방향으로 한 자리씩만 옮기려고 합니다. 가능한 방법을 그려 보고, 불가능하다면 그 이유를 알아봅시다.

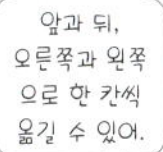

❶ 다음은 칸에 번호를 써넣은 것입니다. 앞과 뒤, 오른쪽과 왼쪽으로 어느 한 방향으로 한 칸씩만 옮겨서 번호를 다시 써 보시오. 가능합니까? 불가능합니다.

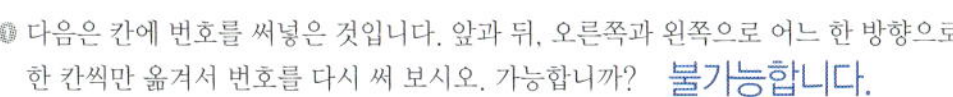

❷ 홀수 번호가 있는 칸은 몇 칸입니까? 또, 홀수 번호의 요괴가 움직일 수 있는 칸은 몇 칸입니까? 5칸, 4칸

❸ 불가능하면 그 이유를 써 보시오.
홀수 번호 칸의 요괴는 짝수 번호 칸으로, 짝수 번호 칸의 요괴는 홀수 번호 칸으로 가야 합니다. 그러나 홀수 번호 칸에 있는 요괴 한 마리가 갈 칸이 없습니다.

[모양 덮기]

1 왼쪽 직사각형 모양의 조각으로 오른쪽 모양을 덮을 수 없습니다. 그 이유를 쓰시오.

체스판처럼 색칠하여 보면 검은색 3칸 흰색 5칸입니다. 도미노는 항상 검은색 1칸과 흰색 1칸을 덮기 때문에 도미노로 이 판을 덮을 덮으면 항상 흰색 2칸이 남습니다.

[방 통과]

2 다음 그림과 같이 9개의 칸으로 이루어진 격자판에 개미 한 마리가 있습니다. 개미가 그 자리에서 출발하여 모든 칸을 한 번씩 지나고 밖으로 빠져나갑니다.

개미가 다른 칸에 있습니다. 같은 방법으로 개미가 밖으로 나가는 길을 그려 보시오. 불가능하다면 그 이유를 쓰시오.

개미는 ☐와 ■를 번갈아 가며 지나서 격자판을 빠져나갑니다. 그러나 ☐만 1칸이 남아 빠져나갈 수 없습니다.

9 논리 추리

어느 마을에 두 부족이 살고 있었습니다. 한 부족은 항상 참말을 하는 참말족이고, 다른 부족은 항상 거짓말만 하는 거짓말족입니다.

초이, 태경, 지오, 아인이가 이 마을을 지나가다가 마을 꼬마를 만났습니다.

지오는 꼬마가 참말족인지 거짓말족인지 아인이에게 물어봅니다.

꼬마와 헤어진 후 부족민 세 사람을 만났습니다. 부족민 세 사람이 서로를 소개합니다.

> 부족민1: 부족민2는 거짓말족이에요.
> 부족민2: 부족민3은 참말족이에요.
> 부족민3: 부족민1은 거짓말족이에요.

● **부족민1**을 거짓말족이라 가정하면 다음과 같이 논리적으로 맞지 않습니다.

● **부족민1**을 참말족이라 가정하면 논리적으로 문제가 없습니다. 다음 ☐ 안에 부족민1, 2, 3이 각각 어느 부족인지 쓰시오.

부족민1: 참말족   부족민2: 거짓말족   부족민3: 거짓말족

노크 포인트

주어진 사실에서 논리적 모순 없이 결론을 이끌어내는 방법을 연역법이라고 합니다. 연역법에서 결론을 쉽게 도출하기 위해 연역표를 사용합니다.

가정하여 풀기는 어떤 주장을 참이라고 가정하여 논리적 모순이 생기면 처음 한 주장은 거짓이 되고 다른 주장을 가정하여 정확한 결론이 날 때까지 추리를 계속하는 방법입니다.

연역 추리

가, 나, 다 세 사람은 직업을 2가지씩 가지고 있습니다. 다음 조건을 보고 가, 나, 다 세 사람의 직업을 알아봅시다.

조건
- 소설가인 회계사는 간호사의 세금을 계산해 주었습니다.
- 외교관과 경찰은 가를 좋아합니다.
- 나는 외교관의 옆집에 살고 있습니다.
- 경찰은 병원에서 간호사를 만났습니다.
- 다는 나와 회계사보다 나이가 많습니다.
- 회계사와 모델은 친구입니다.

❶ 조건을 보고 알 수 있는 사실을 쓰시오.

- 소설가인 회계사는 간호사의 세금을 계산해 주었습니다.
  ➡ 소설가는 회계사이고 간호사가 아닙니다.

- 외교관과 경찰은 가를 좋아합니다.
  ➡ 외교관과 경찰은 다른 사람이고, 가는 외교관과 경찰이 아닙니다.

- 나는 외교관의 옆집에 살고 있습니다.
  ➡ 나는 외교관이 아닙니다.

- 경찰은 병원에서 간호사를 만났습니다.
  ➡ 경찰은 간호사가 아닙니다.

- 다는 나와 회계사보다 나이가 많습니다.
  ➡ 다와 나는 회계사가 아닙니다.

- 회계사와 모델은 친구입니다.
  ➡ 회계사는 모델이 아닙니다.

❷ ❶에서 찾은 단서를 보고 연역표를 완성하시오.

	회계사	간호사	외교관	경찰	모델	소설가
가	○	✕	✕	✕	✕	○
나	✕	✕	✕	○	○	✕
다	✕	○	○	✕	✕	✕

❸ 가, 나, 다의 두 가지 직업을 쓰시오.

가: 회계사 , 소설가

나: 경찰 , 모델

다: 간호사 , 외교관

정답 및 해설 **15**

 참과 거짓

요괴 나라에서 마법 지팡이가 사라졌습니다. 꼬마 요괴 넷 중 하나만 참말을 하고 나머지 셋은 거짓말을 하고 있습니다. 마법 지팡이를 훔쳐간 요괴는 누구인지 알아봅시다.

① 울보 요괴가 범인이라 가정하고 네 요괴의 말이 참말인지 거짓말인지 알아보았습니다. 울보 요괴는 범인입니까? 아닙니까? **범인이 아닙니다.**

> 딴짓 요괴: 난 마법 지팡이를 훔치지 않았어요. → 참
> 멍하니 요괴: 딴짓이 하는 말은 거짓말이에요. → 거짓
> 거꾸로 요괴: 멍하니가 하는 말은 거짓말이에요. → 참
> 울보 요괴: 멍하니가 훔쳤어요. 엉엉. → 거짓

② 딴짓 요괴가 마법 지팡이를 훔쳐갔다고 가정하고 네 요괴의 말이 참말인지 거짓말인지 쓰시오.

	딴짓 요괴	멍하니 요괴	거꾸로 요괴	한입 요괴
딴짓 요괴가 범인	거짓	참	거짓	거짓

③ 멍하니 요괴와 거꾸로 요괴가 범인이라 가정하고 참말, 거짓말을 알아보시오.

	딴짓 요괴	멍하니 요괴	거꾸로 요괴	한입 요괴
멍하니 요괴가 범인	참	거짓	참	참
거꾸로 요괴가 범인	참	거짓	참	거짓

④ 하나만 참말을 하고, 나머지 셋이 거짓말을 하는 경우는 어느 요괴를 범인이라고 가정했을 때입니까? 즉 범인은 누구입니까? **딴짓 요괴**

[안전한 길 찾기]

1 세 갈래 길이 있습니다. 그 중 길 하나는 안전하고, 나머지 두 길은 위험합니다. 길의 입구에 세 꼬마 요괴가 표지판을 들고 있습니다. 표지판의 글 중 하나는 참이고 다른 둘은 거짓이라고 할 때 안전한 길 앞의 표지판에 ○표 하시오.

 창의적 문제해결력

1 후라이팬에 식빵의 앞면과 뒷면을 각각 3분씩 굽습니다. 후라이팬 하나로 식빵을 2개씩 구울 수 있다고 할 때 식빵 3개를 굽는 데 최소 몇 분이 걸립니까? **9분**

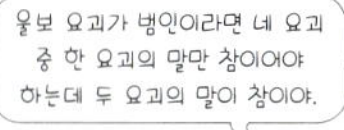

2 태경이와 친구들이 다음 과녁에 활을 쏘았습니다. 모두 5번씩 활을 쏜 다음 맞힌 곳의 점수의 합을 자기 점수로 합니다. 과녁을 벗어난 화살이 하나도 없다고 할 때 자기 점수를 잘못 말한 사람을 찾아보시오. **태경**

> 태경: 난 신궁임에 틀림없어. 34점이야.
> 초이: 난 화살 쏘는 건 자신없어. 17점이야.
> 아인: 노력한 보람이 있어. 29점이야.
> 지오: 내가 꼴지군. 13점이야.

과녁판의 점수가 모두 홀수이므로 화살 5개를 쏘아 구한 합도 홀수입니다. 태경이의 점수는 짝수이므로 잘못 말한 것입니다.

3 다음과 같이 10개의 방으로 이루어진 건물이 있습니다. 색칠한 방에서 시작하여 다른 방을 모두 한 번씩 지나는 길을 그려 보시오. 불가능하면 그 이유를 설명하시오.

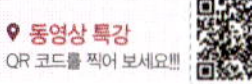

불가능합니다. 오른쪽과 같이 체스판처럼 색칠했을 때, □와 ■를 번갈아가며 지나서 나가야 합니다. 그러나 □만 1칸이 남아서 빠져나갈 수 없습니다.

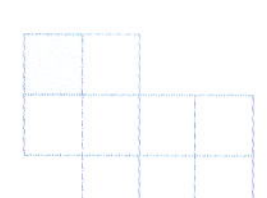

4 꼬마 요괴 넷이 가위바위보로 순위를 정하는데 태경, 지오, 초이가 순위를 예측하였습니다. 세 아이의 예측이 한 가지씩만 맞았다고 할 때 1등을 한 요괴는 누구입니까? **딴짓 요괴**

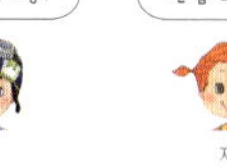

태경이의 잠만자 요괴 1등 예측이 맞다면 지오의 거꾸로 요괴 1등 예측도 맞아야 하므로 이 예측은 옳지 않습니다.
따라서 한입 요괴가 2등인 예측이 옳습니다. 한입 요괴가 2등이면 딴짓 요괴가 1등, 거꾸로 요괴가 3등, 잠만자 요괴가 4등입니다.

여러 가지 문제

10 거리와 빠르기

태경이와 초이가 20 km 떨어진 곳에서 자전거를 타고 1시간에 10 km의 빠르기로 서로 마주보며 달려오고 있습니다. 뛰어 요괴는 1시간에 15 km의 빠르기로 태경이와 초이 사이를 뛰어다닙니다. 초이를 만나면 방향을 바꾸어 태경이한테, 태경이를 만나면 다시 초이한테 가는 것을 태경이와 초이가 만날 때까지 반복합니다.

지오는 뛰어 요괴가 왔다 갔다 하는 모습을 보고 뛰어 요괴가 뛰어다닌 거리가 모두 얼마인지 궁금합니다.

태경이와 초이가 만날 때까지 걸리는 시간은 몇 시간입니까? 또, 뛰어 요괴가 뛴 시간은 몇 시간입니까? 1시간, 1시간

태경이와 초이가 마주보고 1시간에 10 km의 빠르기로 달리므로
$20 \div (10+10) = 1$(시간) 후면 만납니다.
뛰어 요괴는 태경이와 초이가 만날 때까지 뛰었으므로 똑같이 1시간을 뛰었습니다.

뛰어 요괴는 1시간에 15 km를 뜁니다. 뛰어 요괴가 뛴 거리는 몇 km입니까? 15 km

한입 요괴와 장난 요괴가 도로의 양끝에서 동시에 출발하여 10분 후에 만났습니다. 한입 요괴는 1분에 10 m를 걷고, 장난 요괴는 1분에 20 m를 걷습니다. 이 도로의 길이를 구하시오. 300 m

$(10+20) \times 10 = 300$(m)

뛰어 요괴와 딴짓 요괴가 300 m 길이의 도로 양끝에 서 있습니다. 뛰어 요괴는 1분에 45 m를 가고, 딴짓 요괴는 1분에 15 m를 갑니다. 둘이 동시에 출발하여 몇 분 후에 만납니까? 5분

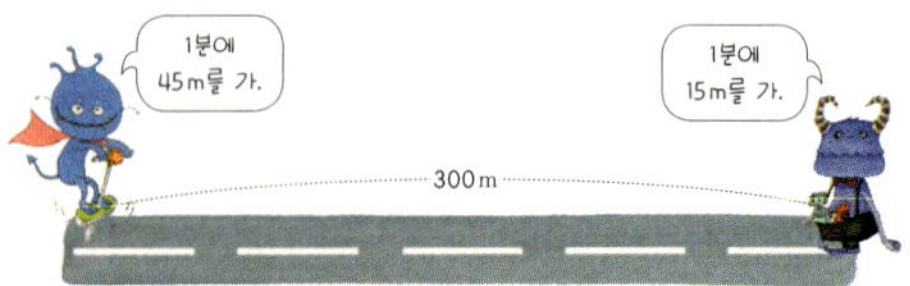

$300 \div (45+15) = 5$(분)

노크 포인트

두 사람이 동시에 출발하여 어느 한 지점에서 만날 때 처음 두 사람 사이의 거리는 두 사람이 걸은 거리의 합입니다.

두 사람의 빠르기와 출발 지점이 다를 때, 따라잡는 데 걸리는 시간은
(따라잡아야 할 거리)÷(빠르기의 차)입니다.

기차가 터널을 완전히 통과하기 위해서 가는 거리는 (터널의 길이)+(기차의 길이)입니다.

산책

태경이와 동생 태돌이가 연못 주위를 걷습니다. 태경이는 1분에 100 m의 빠르기로, 태돌이는 1분에 50 m의 빠르기로 걷습니다. 처음에 같은 곳에서 출발하여 서로 반대 방향으로 걸었더니 10분 만에 만났습니다. 만난 후에는 한 곳에서 같은 방향으로 출발하였습니다. 두 사람이 다시 만난 것은 몇 분 후인지 알아봅시다.

❶ 태경이와 태돌이가 서로 반대 방향으로 돌아서 10분 만에 만났습니다. 연못의 둘레는 몇 m입니까? 1500 m
$(100+50) \times 10 = 1500$(m)
태경, 태돌이가 걸은 거리의 합과 연못의 둘레가 같습니다.

❷ 태경이와 태돌이가 같은 방향으로 걸을 때는 태경이가 태돌이보다 연못을 한 바퀴 더 돌면 만날 수 있습니다. 태경이가 태돌이보다 몇 m를 더 가야 만날 수 있습니까? 1500 m

❸ 1분 동안 태경이는 태돌이보다 몇 m 더 걷습니까? 또, 태경이와 태돌이가 다시 만나는 것은 몇 분 후입니까? 50 m, 30분
$1500 \div 50 = 30$(분)

[자동차 따라잡기]

1 빨간색 자동차가 파란색 자동차보다 30 km 앞에서 출발합니다. 빨간색 자동차는 1시간에 50 km를 가고, 파란색 자동차는 1시간에 60 km를 간다고 할 때, 파란색 자동차가 빨간색 자동차를 따라잡는 것은 몇 시간 후입니까? 3시간

$30 \div (60-50) = 3$(시간)

[공원 산책]

2 초이와 지오는 원 모양의 공원 길을 산책합니다. 두 사람이 같은 곳에서 출발하여 같은 방향으로 걸었더니 40분 후에 만났습니다. 초이는 1분에 100 m의 빠르기로, 지오는 1분에 60 m의 빠르기로 걷는다고 할 때, 두 사람이 같은 곳에서 서로 다른 방향으로 산책하면 몇 분 후에 만납니까? 10분

산책로의 거리: $100 \times 40 - 60 \times 40 = 1600$(m)
다시 만난 시간: $1600 \div (100+60) = 10$(분)

정답 및 해설 **17**

🐾 터널 통과

1초에 20m의 빠르기로 달리는 기차가 1500m 길이의 터널을 통과하려고 합니다. 이 기차의 길이가 240m일 때 기차가 터널을 완전히 통과하는데 걸리는 시간을 알아봅시다.

❶ 기차가 터널을 완전히 통과하려면 기차의 앞부분이 터널에 들어가서 기차의 끝부분이 터널을 완전히 빠져 나와야 합니다. 기차가 터널을 완전히 통과할 때 기차의 이동 거리는 몇 m입니까? **1740m**

$$1500+240=1740(m)$$

❷ 기차가 터널을 완전히 빠져나가는데 걸리는 시간은 몇 초입니까? **87초**

$$1740÷20=87(초)$$

[다리 통과]

1 일정한 빠르기로 달리는 전철이 있습니다. 전철이 500m 길이의 다리를 지나는데 10초가 걸린다고 합니다. 전철의 길이가 200m라고 할 때 이 전철은 1초에 몇 m를 갑니까? **70m**

$$(500+200)÷10=70(m)$$

[보이지 않는 열차]

2 1초에 50m를 달리는 초고속열차가 3000m 길이의 터널을 통과할 때, 50초 동안 초고속열차의 모습이 보이지 않았습니다. 초고속열차의 길이는 몇 m입니까? **500m**

기차가 터널 속에 완전히 들어가면 모습이 보이지 않습니다.

기차 터널 → 터널 기차

50초 동안 이동한 거리: 50×50=2500(m)

기차의 길이: 3000−2500=500(m)

---

11 효율적인 해결 방법

아이들이 동화책을 빌리려고 책 대여점에 갔습니다. 책 대여점에서는 두 가지 방법으로 책을 빌려줍니다.

방법 1: 일일 10000원의 회원 요금을 내면 한 권당 500원에 책을 빌려줍니다.
방법 2: 회원 요금 없이 한 권당 1000원에 책을 빌려 줍니다.

지오는 책을 20권 빌리기로 했습니다. 방법 1과 방법 2 중 어느 방법이 돈을 아낄 수 있는 방법입니까? **두 방법 모두 필요한 돈이 같습니다.**

방법 1: 10000+500×20=20000(원)
방법 2: 1000×20=20000(원)

태경이네 반 아이 15명이 연극 관람을 하기로 하였습니다. 가장 돈을 적게 들이고 연극을 관람한다고 할 때 1인당 얼마가 필요합니까?

성인: 12000원
학생: 9000원
단체: 6000원(단, 20명 이상)

● 20명 단체 표를 사면 얼마가 듭니까? 또, 15명 모두 학생표를 산다면 모두 얼마가 듭니까? **120000원, 135000원**

단체: 20×6000=120000(원)   학생표: 15×9000=135000(원)

● 위의 두 가지 방법 중 어느 것이 돈이 더 적게 듭니까? **단체표**

● 돈을 가장 적게 들일 때 1인당 얼마의 돈이 필요합니까? **8000원**

$$120000÷15=8000(원)$$

누크 포인트

단체표를 구입할 때나 전화 요금제를 선택할 때 조건을 분석하면 더 효율적인 방법을 선택할 수 있습니다. 손익을 따져서 목표를 세우거나 합리적인 계획을 세울 수 있습니다.

18   D4 해결전략

🍎 과일 가게 손익

어느 과일 가게에서 복숭아 50개를 30000원에 사서 1개에 200원씩 이익을 남기고 팝니다. 며칠이 지나 썩은 복숭아는 버리고 계산을 해 보니 3600원의 이익이 생겼습니다. 버린 복숭아는 몇 개인지 알아봅시다.

❶ 복숭아 한 개를 사온 가격은 얼마이고, 얼마에 팔았습니까? **600원, 800원**
구입 가격: $30000 \div 50 = 600$(원)
파는 가격: $600 + 200 = 800$(원)

❷ 복숭아를 모두 다 팔면 얼마의 이익이 생깁니까? **10000원**
$200 \times 50 = 10000$(원)

❸ 복숭아를 팔지 못하고 버려서 없어진 이익은 모두 얼마입니까? **6400원**
$10000 - 3600 = 6400$(원)

❹ 복숭아 1개를 버리면 이익이 800원 없어집니다. 버린 복숭아는 몇 개입니까? **8개**
복숭아 1개를 버릴 때마다 구입 금액과 예상 이익까지
모두 $600 + 200 = 800$(원) 손해입니다. $6400 \div 800 = 8$(개)

[접시 닦기]
1 접시를 하나 닦을 때마다 200원을 받고, 접시 하나를 깨뜨릴 때마다 깨뜨린 접시 값을 내야 합니다. 접시 100개 중 10개를 깨뜨리고 모두 12000원을 받았습니다. 접시 1개는 얼마입니까? **600원**

100개를 닦았을 때의 돈: $100 \times 200 = 20000$(원)
받은 돈의 차: $20000 - 12000 = 8000$(원)
깨진 접시 1개당 줄어든 돈: $8000 \div 10 = 800$(원)
접시 값: $800 - 200 = 600$(원)

[생선 가게 일일 매상]
2 생선 가게에서 명태 20마리를 마리당 6000원에 사서 한 마리당 1000원의 이익을 남기고 팝니다. 그런데 명태는 하루가 지나면 상해서 팔 수가 없습니다. 생선 가게가 손해를 보지 않으려면 명태를 들여온 날 최소 몇 마리를 팔아야 합니까? **18마리**
명태 20마리의 구입 가격: $20 \times 6000 = 120000$(원)
명태 12마리를 판 돈: $12 \times (6000 + 1000) = 84000$(원) ← 손해
명태 15마리를 판 돈: $15 \times (6000 + 1000) = 105000$(원) ← 손해
명태 18마리를 판 돈: $18 \times (6000 + 1000) = 126000$(원) ← 이익

📞 전화 요금제 선택

다음은 어느 지역의 전화 요금제입니다. 통화 횟수에 맞는 유리한 요금제를 알아봅시다.

기본 요금제	한 달 기본 요금이 10000원이고, 한 통화에 50원씩 요금이 부과됩니다.
프리미엄 요금제	통화한 횟수에 관계없이 한 달 요금은 25000원입니다.
알뜰 요금제	기본 요금이 없으며, 한 통화에 200원씩 요금이 부과됩니다.

❶ 두 사람의 한 달 통화 횟수가 각각 100회, 200회라고 할 때 각 요금제의 통화 요금을 구하시오.

통화 횟수 요금제	100회	200회
기본 요금제	15000원	20000원
프리미엄 요금제	25000원	25000원
알뜰 요금제	20000원	40000원

❷ 알뜰 요금제를 선택하는 사람은 한 달에 최대 몇 통화를 하는 사람이 유리합니까? **66통**
기본 요금제: $10000 + 66 \times 50 = 13300$(원)
프리미엄 요금제: 25000원
알뜰 요금제: $66 \times 200 = 13200$(원)

❸ 기본 요금제를 선택하는 사람은 한 달에 최소 몇 통화, 최대 몇 통화를 하는 사람이 유리합니까? **67통, 299통**
66통까지는 알뜰 요금제가 유리하고, 67통부터 299통까지는 기본 요금제가 유리합니다. 300통은 기본 요금제와 프리미엄 요금제가 동일하고, 300통을 초과하면 프리미엄 요금제가 유리합니다.

❹ 어떤 사람의 한 달 평균 통화 횟수가 152회입니다. 어떤 요금제를 선택하는 것이 유리합니까? **기본 요금제**

[아르바이트 조건]
1 태경이의 삼촌은 편의점 아르바이트를 합니다. 다음 아르바이트 조건 중 삼촌에게 가장 유리한 조건의 편의점을 찾아보시오. 태경이 삼촌은 하루 8시간을 근무할 수 있습니다. **가 편의점**

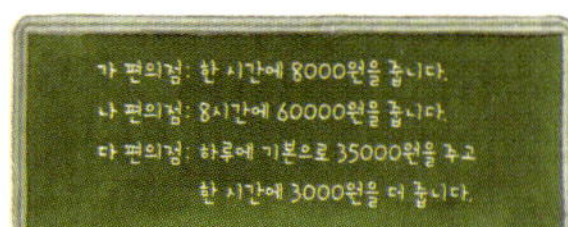

가 편의점: $8 \times 8000 = 64000$(원)
나 편의점: 60000원
다 편의점: $35000 + 3000 \times 8 = 59000$(원)

[놀이배 타기]
2 마을 주민 27명이 호수에서 놀이배를 타려고 합니다. 놀이배에는 두 종류가 있고 정원과 가격이 모두 다릅니다. 마을 주민이 모두 배에 탈 수 있는 최소 금액을 구하시오. **3700원**

배의 종류	정원	가격
큰 배	6명	800원
작은 배	5명	700원

큰 배 4개, 작은 배 1개를 빌리는 경우: $800 \times 4 + 700 = 3900$(원)
큰 배 3개, 작은 배 2개를 빌리는 경우: $800 \times 3 + 700 \times 2 = 3800$(원)
큰 배 2개, 작은 배 3개를 빌리는 경우: $800 \times 2 + 700 \times 3 = 3700$(원)

정답 및 해설　**19**

⑫ 뉴튼산

매일 같은 빠르기로 풀이 자라는 목장이 있습니다. 이 목장의 풀을 소가 20마리이면 5일 만에, 13마리이면 10일 만에 모두 먹어 치운다고 합니다. 매일 소가 먹는 풀의 양은 같고, 모든 소가 같은 양의 풀을 먹습니다.

같은 목장의 풀인데 그 양이 100과 130으로 다른 이유는 매일 풀이 자라기 때문입니다. 5일 동안 먹는 풀과 10일 동안 먹는 풀의 양의 차이는 5일 동안 자란 풀의 양입니다.

소들이 풀을 먹기 전 이 목장에 있었던 풀의 양은 얼마입니까? **70**

(처음 있었던 풀의 양)=(5일 동안 먹은 풀의 양)−(5일 동안 자란 풀의 양)
= 100−30=70

다음은 이 목장의 소가 16마리라고 할 때 풀의 양과 소가 먹는 양을 나타낸 표입니다. 표를 완성하고 소 16마리가 며칠 만에 풀을 모두 먹는지 구하시오. **7일**

날 수	처음	1일째	2일째	3일째	4일째	5일째	6일째	7일째
풀의 양	70	76	66	56	46	36	26	16
소가 먹는 풀의 양	·	16	16	16	16	16	16	16
남은 풀의 양	70	60	50	40	30	20	10	0

도로 포인트

소가 풀을 먹는 문제는 영국의 수학자 뉴튼이 쓴 책에서 가장 먼저 소개되었기 때문에 이 문제를 **뉴튼산**이라고 부릅니다.

뉴튼산 문제를 해결할 때에는
① 소가 하루 동안 먹는 풀의 양을 1이라고 합니다.
② 조건을 이용하여 하루 동안 자라는 풀의 양을 구합니다.
③ 소들이 풀을 먹기 전의 원래 풀의 양을 구합니다.
④ 구하고자 하는 것을 찾아 문제를 해결합니다.

🐄 사료 먹이기

목장의 소 5마리가 4일 동안 100 kg의 사료를 먹습니다. 소 8마리가 360 kg의 사료를 모두 먹는데 며칠이 걸리는지 알아봅시다.

❶ 소 1마리가 1일 동안 먹는 사료는 몇 kg입니까? **5 kg**

❷ 소 8마리가 1일 동안 먹는 사료는 몇 kg입니까? **40 kg**
5×8=40 kg

❸ 소 8마리가 360 kg의 사료를 모두 먹는데 며칠이 걸립니까? **9일**
소 8마리가 1일에 40 kg을 먹기 때문에 360 kg은 360÷40=9(일)만에 모두 먹습니다.

[부품 생산]
1 어느 공장에서 기계 4대를 사용하여 15분 동안 부품 120개를 생산합니다. 1시간 동안 2400개의 부품을 생산하려면 몇 대의 기계가 더 필요합니까? **16대**

기계 1대로 1분 동안 생산하는 부품: 120÷15÷4=2(개)
기계 1대로 1시간 동안 생산하는 부품: 2×60=120(개)
필요한 기계: 2400÷120=20(대)
더 필요한 기계: 20−4=16(대)

[일의 양]
2 8명이 같은 일을 하면 15일 만에 끝납니다. 이 일을 처음 6일 동안은 8명이 하다가 그 후에는 4명만 남아 일을 끝냈습니다. 일을 마치는 데 모두 며칠이 걸립니까? **24일**

1명이 1일 동안 하는 일의 양: 1
총 일의 양: 8×15=120
8명이 6일 동안 한 일의 양: 6×8=48
4명이 일을 끝내는 데 필요한 날 수: (120−48)÷4=18(일)
일을 마치는 데 필요한 날 수: 6+18=24(일)

20 D4 해결전략

배수구가 달린 물통

배수구가 5개 달린 커다란 물통에 일정한 양으로 물을 받고 있습니다.
배수구를 2개 열면 8시간 만에, 배수구를 5개 열면 2시간 만에 물이 다 빠진다고 합니다. 5개의 배수구에서 매시간 물이 빠져나가는 양이 모두 같다고 할 때 배수구 3개를 열면 몇 시간만에 물이 모두 빠져나가는지 알아봅시다.

❶ 배수구 1개에서 1시간 동안 빠져나가는 물의 양을 1이라 할 때 배수구 2개에서 8시간 동안 빠져나가는 물의 양과 배수구 5개에서 2시간 동안 빠져 나가는 물의 양을 차례로 쓰시오. 16, 10

❷ 6시간 동안 물통에 받은 물의 양과 한 시간 동안 물통에 받은 물의 양을 차례로 쓰시오. 6, 1

❸ 배수구를 열기 전 원래 있었던 물의 양은 얼마입니까? 8
(원래 있었던 물의 양)=(빠져나간 물의 양)−(들어온 물의 양)
=16−8=8

❹ 배수구 3개를 열면 몇 시간 만에 물이 모두 빠져 나갑니까? 4시간
(들어온 물의 양)=(빠져나간 물의 양)
8+□=3×□
□=4

---

1 [개구리밥]
어느 연못의 개구리밥이 매일 같은 빠르기로 자랍니다. 이 연못에 개구리가 4마리이면 5일 만에, 개구리가 7마리이면 2일 만에 개구리밥을 모두 먹습니다. 개구리가 하루 동안 먹는 개구리밥의 양을 1이라 할 때 물음에 답하시오.

❶ 하루 동안 자라는 개구리밥의 양은 얼마입니까? 2
(4×5−7×2)÷(5−2)=2

❷ 원래 연못에 있었던 개구리밥의 양은 얼마입니까? 10
4×5−2×5=10

2 [바닥이 뚫린 배]
바닥이 뚫린 배가 있습니다. 이미 물이 차 있는데 일정한 빠르기로 배에 물이 더 차오르고 있습니다. 이 배에서 5개의 펌프로 물을 빼내면 4시간 만에, 3개의 펌프로 물을 빼내면 8시간 만에 물을 모두 뺄 수 있다고 합니다. 2시간 만에 물을 다 빼내려면 몇 개의 펌프가 있어야 합니까? (단, 모든 펌프는 매시간 물을 빼내는 양이 똑같습니다.) 9개

1시간 동안 차오르는 물의 양: (3×8−5×4)÷4=1
처음에 있던 물의 양: 5×4−4=16
2시간 동안 물을 모두 뺄 수 있는 펌프의 수: 16+2=2×□, □=9

창의적 문제해결력

1 길이가 150m인 기차가 1500m 길이의 다리를 완전히 통과하는 데 걸리는 시간이 11초입니다. 이 기차는 1초에 몇 m를 갑니까? 150m
(거리)÷(시간)=(빠르기)
(1500+150)÷11=150(m)

2 토끼와 거북이 경주를 합니다. 토끼는 1초에 5m를 가고, 거북이는 1초에 1m를 갑니다. 거북이 토끼보다 200m 앞에서 출발한다고 할 때, 토끼가 거북이를 따라잡는 것은 몇 초 후입니까? 50초

200÷(5−1)=50(초)

---

3 학생 50명이 코끼리 자동차를 타려고 합니다. 코끼리 자동차는 2종류가 있는데 요금이 5000원인 큰 자동차는 6명까지 탈 수 있고, 요금이 4000원인 작은 자동차는 4명까지 탈 수 있습니다. 가장 적은 비용으로 학생들이 모두 코끼리 자동차를 타고 간다고 할 때 필요한 금액은 얼마입니까? 43000원

큰 자동차 8대, 작은 자동차 1대: 5000×8+4000=44000(원)
큰 자동차 7대, 작은 자동차 2대: 5000×7+4000×2=43000(원)

4 일정한 빠르기로 자라는 초원의 풀을 양 20마리는 10일 만에, 양 15마리는 15일 만에 다 먹습니다. 양 10마리는 풀을 며칠 만에 다 먹는지 구하시오. 30일

1일 동안 자라는 풀의 양: (15×15−20×10)÷5=5
처음 풀의 양: 20×10−5×10=150
양 10마리가 풀을 다 먹는 날 수: 150+5×□=10×□, □=30

정답 및 해설 **21**

MEMO

MEMO

MEMO

7 브레인 티져

신대륙을 발견한 콜럼버스에게 많은 찬사가 쏟아졌지만 그를 시기하는 사람 또한 많았습니다.

이 말을 들은 콜럼버스는 달걀 하나를 들고 사람들에게 세워 보라고 하였습니다. 사람들이 달걀을 세워 보려고 애를 썼지만 달걀을 세우지 못하자 콜럼버스는 달걀 끝을 탁자에 톡톡 쳐서 깬 다음 깨진 쪽이 밑으로 가게 해서 달걀을 세웠습니다.

위의 이야기는 '콜럼버스의 달걀'이라 불리는 유명한 일화입니다. 콜럼버스는 남이 생각하지 못한 일을 처음으로 하였기 때문에 위대한 것입니다.

동전 2개를 옮겨 정사각형 모양을 만드시오. 움직이는 동전에 ✕표, 새로 옮기는 곳에 ◯표 하시오.

동전 몇 개를 움직여서 가로, 세로로 한 줄에 놓인 동전의 수가 5개가 되도록 만들어 보시오. 움직이는 동전에 ✕표, 새로 옮기는 곳에 ◯표 하시오.

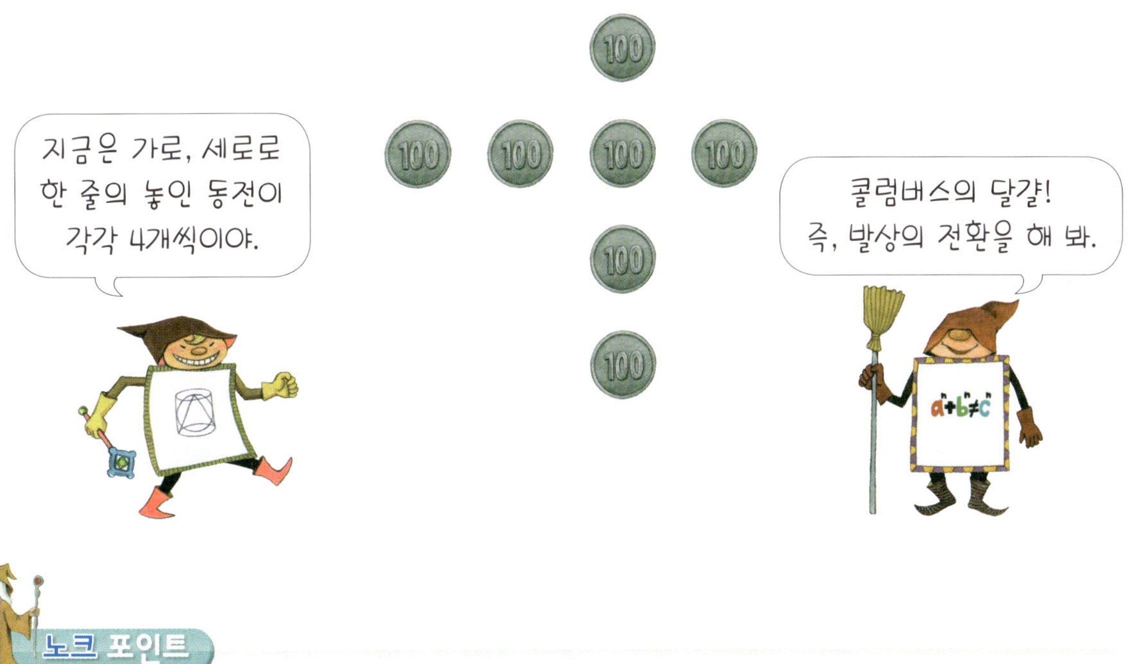

노크 포인트

후지산을 어떻게 옮길까? 스쿨 버스 한 대에는 골프공이 몇 개나 들어갈까? 이 문제는 마이크로소프트 사와 구글 사의 입사 시험 문제로 알려져 있습니다. 이러한 문제를 브레인 티져(Brain – Teaser)라고 하는데 그대로 해석하면 머리를 괴롭히는 문제라는 뜻입니다.

브레인 티져 문제는 기존의 방법이 아닌 콜럼버스의 달걀처럼 발상의 전환을 필요로 합니다.

발상의 전환

함께 여행하는 세 사람이 10000원씩 걷어 30000원을 숙박비로 냈습니다. 주인은 늦은 밤이라 깎아주겠다며 일하는 꼬마에게 5000원을 주고 돌려주라고 하였습니다. 꼬마는 몰래 2000원을 갖고 3000원만 돌려주었고, 세 사람은 1000원씩 나누어 가졌습니다.

울보 요괴의 말대로 1000원은 어디로 사라진 것인지 알아봅시다.

처음 돈	30000
돌려준 돈	- 3000
숙박비로 낸 돈	27000
꼬마가 슬쩍한 돈	- 2000
주인이 받은 돈	25000

1 다음 수 중 가장 작은 수를 찾아 기호를 쓰시오.

[컵 옮기기]

2 다음과 같이 6개의 컵 중 연속된 3개의 컵에 물이 들어 있습니다. 컵을 한 개만 움직여서 빈 컵과 물이 든 컵이 번갈아 있게 하는 방법을 쓰시오.

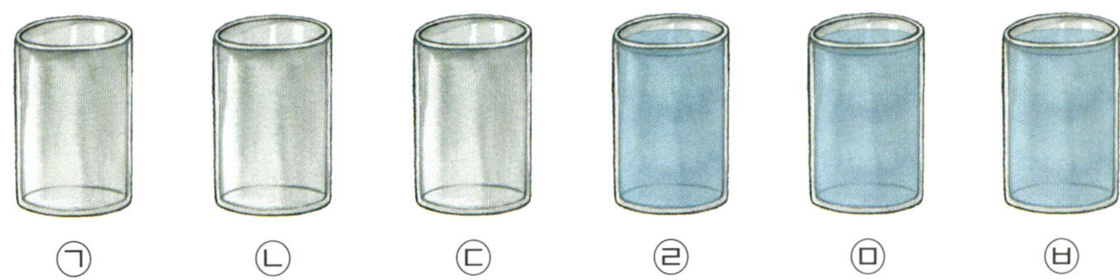

어느 목장에 25마리의 경주마가 있습니다. 이 중 가장 빠른 말 3마리를 골라 경주에 내보려고 합니다. 타이머가 없이 경주를 시켜서 말을 뽑아야 하는데 한 경주에 다섯 마리씩 뛸 수 있습니다. 최소한의 경주 횟수를 알아봅시다.

잘난척 요괴   멍하니 요괴

❶ 잘난척 요괴의 방법대로 하면 몇 번 경기를 해야 합니까?

❷ 6번째 경주까지의 결과입니다. 6번째 경기에서 1등을 한 말 **가①**은 가장 빠른 말입니다. 1번째 경주에서 2등, 3등을 한 말 **가②**, **가③**은 가장 빠른 말 세 마리 안에 들어갈 수도 있습니다.

세 마리의 가장 빠른 말을 찾기 위해서 7번째 경주에 참가할 말의 기호를 쓰시오.

경주	1등	2등	3등	4등	5등
1번째	가①	가②	가③	가④	가⑤
2번째	나①	나②	나③	나④	나⑤
3번째	다①	다②	다③	다④	다⑤
4번째	라①	라②	라③	라④	라⑤
5번째	마①	마②	마③	마④	마⑤
6번째	가①	나①	다①	라①	마①

❸ 가장 빠른 말 세 마리를 뽑기 위해 최소한 몇 번 경주를 해야 합니까?

1 모양과 크기는 같지만 무게가 모두 다른 4개의 구슬이 있습니다. 양팔 저울을 이용하여 구슬의 무게 순서를 알아보려고 합니다. 물음에 답하시오.

❶ 아주 운이 좋은 경우에는 몇 번만에 구슬의 무게 순서를 알 수 있습니까?

❷ 양팔 저울을 사용하여 구슬 2개의 무게 순서를 몇 번 만에 알 수 있습니까?

❸ 구슬이 3개인 경우 구슬을 2개씩 비교하여 3번만에 구슬의 무게 순서를 알 수 있습니다.

4번째 구슬을 비교할 때 중간 무게와 비교하면 횟수를 줄일 수 있습니다. 모두 몇 번만에 무게의 순서를 알 수 있습니까?

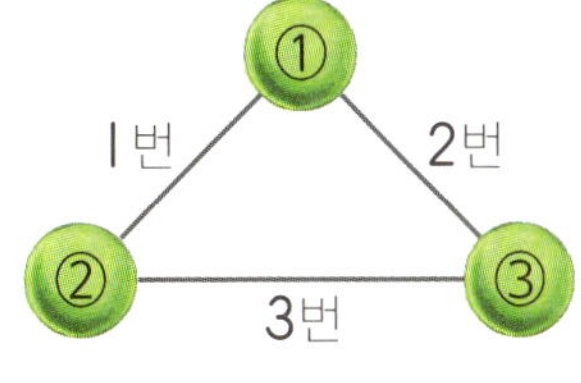

4번째 구슬을 중간 무게와 비교해서 더 무거우면 가장 무거운 구슬과, 더 가벼우면 가장 가벼운 구슬과 비교하면 돼. 횟수를 한번 줄일 수 있단다.

8 패리티

귀퉁이가 잘려나간 체스판이 있습니다. 꼬마 요괴들이 이 체스판 위를 도미노를 사용하여 모두 채우려고 합니다.

도미노를 사용하여 귀퉁이가 잘려나간 체스판을 채울 수 없습니다. 31개의 도미노를 사용하여 62칸짜리 판을 채워보는 방법은 매우 많고 일일이 해 보기란 매우 어려운 일입니다. 하지만 수학적으로 체스판을 채울 수 없다는 것을 논리적으로 밝힐 수 있습니다.

다음 중 도미노로 모든 칸을 덮을 수 있는 판을 고르시오.

㉠

㉡

㉢

홀수와 짝수의 성질

$$(홀수) + (홀수) = (짝수) \qquad (홀수) \times (홀수) = (홀수)$$
$$(홀수) + (짝수) = (홀수) \qquad (홀수) \times (짝수) = (짝수)$$
$$(짝수) + (짝수) = (짝수) \qquad (짝수) \times (짝수) = (짝수)$$
$$\underbrace{(홀수) + (홀수) + \cdots\cdots + (홀수)}_{홀수\ 개} = (홀수) \qquad \underbrace{(홀수) + (홀수) + \cdots\cdots + (홀수)}_{짝수\ 개} = (짝수)$$

홀수와 짝수가 갖는 성질을 패리티(Parity)라고 합니다. 패리티는 복잡한 상황을 간단한 홀짝 두 가지 경우로 만들어 시행착오를 거치지 않고 문제를 해결하는 방법입니다. 도미노 채우기도 패리티를 이용하여 복잡한 경우를 간단히 해결한 것입니다.

홀수와 짝수

구슬 99개를 꼬마 요괴들이 나누어 갖습니다. 홀수 개의 구슬을 가진 요괴가 홀수 명인지, 짝수 명인지 알아봅시다.

❶ 전체 구슬의 개수는 홀수입니까? 짝수입니까?

❷ 짝수 개의 구슬을 가진 요괴들의 구슬의 수를 모두 더하면 짝수 개입니다. 홀수 개의 구슬을 가진 요괴들의 구슬의 수를 모두 더하면 홀수 개입니까? 짝수입니까?

❸ 홀수 개의 구슬을 가진 요괴가 홀수 명입니까? 짝수 명입니까?

1 다음 계산 결과가 홀수인지 짝수인지 ☐ 안에 써넣으시오.

❶ $1+2+3+\cdots\cdots+99$ ➡ ☐

❷ $1\times2\times3\times\cdots\cdots\times99$ ➡ ☐

2 다음 수 카드 중 5장을 뽑아 수의 합이 100이 되는 경우를 만들어 보시오. 만들 수 없다면 그 이유를 쓰시오.

자리 옮기기

꼬마 요괴 아홉이 다음과 같이 정사각형 모양으로 앉아 있습니다. 모든 요괴가 앞과 뒤, 오른쪽과 왼쪽 방향으로 한 자리씩만 옮기려고 합니다. 가능한 방법을 그려 보고, 불가능하다면 그 이유를 알아봅시다.

❶ 다음은 칸에 번호를 써넣은 것입니다. 앞과 뒤, 오른쪽과 왼쪽으로 어느 한 방향으로 한 칸씩만 옮겨서 번호를 다시 써 보시오. 가능합니까?

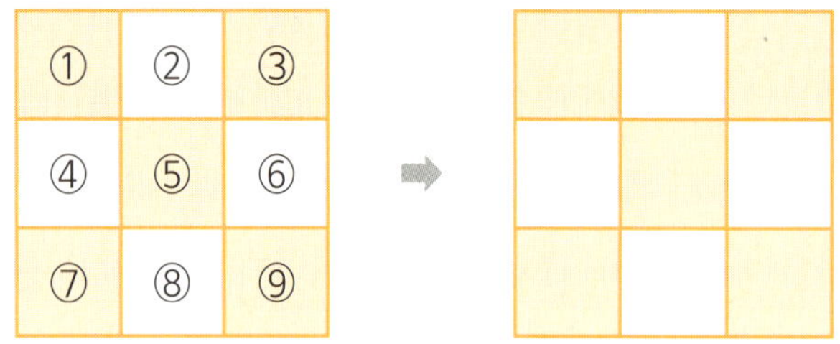

❷ 홀수 번호가 있는 칸은 몇 칸입니까? 또, 홀수 번호의 요괴가 움직일 수 있는 칸은 몇 칸입니까?

❸ 불가능하면 그 이유를 써 보시오.

1 왼쪽 직사각형 모양의 조각으로 오른쪽 모양을 덮을 수 없습니다. 그 이유를 쓰시오.

2 다음 그림과 같이 9개의 칸으로 이루어진 격자판에 개미 한 마리가 있습니다. 개미가 그 자리에서 출발하여 모든 칸을 한 번씩 지나고 밖으로 빠져나갑니다.

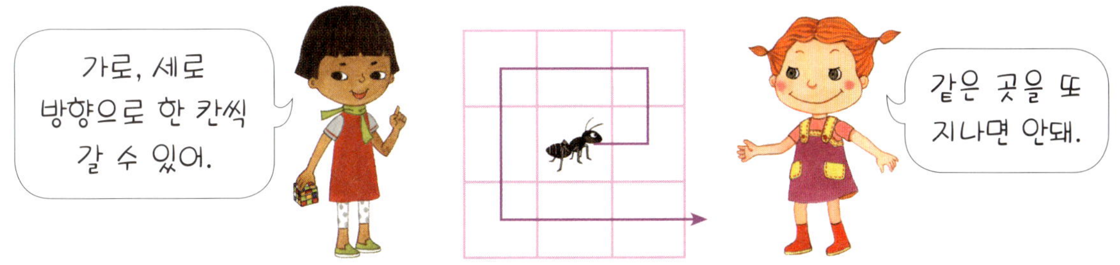

개미가 다른 칸에 있습니다. 같은 방법으로 개미가 밖으로 나가는 길을 그려 보시오. 불가능하다면 그 이유를 쓰시오.

9 논리 추리

어느 마을에 두 부족이 살고 있었습니다. 한 부족은 항상 참말을 하는 참말족이고, 다른 부족은 항상 거짓말만 하는 거짓말족입니다.

초이, 태경, 지오, 아인이가 이 마을을 지나가다가 마을 꼬마를 만났습니다.

지오는 꼬마가 참말족인지 거짓말족인지 아인이에게 물어봅니다.

꼬마와 헤어진 후 부족민 세 사람을 만났습니다. 부족민 세 사람이 서로를 소개합니다.

부족민1: 부족민2는 거짓말족이에요.
부족민2: 부족민3은 참말족이에요.
부족민3: 부족민1은 거짓말족이에요.

● **부족민1**을 거짓말족이라 가정하면 다음과 같이 논리적으로 맞지 않습니다.

부족민1: 거짓말족 ← 부족민1이 거짓말족이라는 가정
부족민2: 참말족 ← 거짓말족인 **부족민1**이 부족민2는 거짓말족이라고 함.
부족민3: 거짓말족 ← 참말족인 **부족민2**가 **부족민3**을 거짓말족이라고 함.
부족민1: 참말족 ← 거짓말족인 **부족민3**이 부족민1을 거짓말족이라고 함.

● **부족민1**을 참말족이라 가정하면 논리적으로 문제가 없습니다. 다음 ☐ 안에
부족민1, 2, 3이 각각 어느 부족인지 쓰시오.

부족민1: 　참말족　 　　부족민2: ☐ 　　부족민3: ☐

주어진 사실에서 논리적 모순 없이 결론을 이끌어내는 방법을 연역법이라고 합니다.
연역법에서 결론을 쉽게 도출하기 위해 연역표를 사용합니다.

가정하여 풀기는 어떤 주장을 참이라고 가정하여 논리적 모순이 생기면 처음 한 주장은 거짓이 되고 다른 주장을 가정하여 정확한 결론이 날 때까지 추리를 계속하는 방법입니다.

연역 추리

가, 나, 다 세 사람은 직업을 2가지씩 가지고 있습니다. 다음 조건 을 보고 가, 나, 다 세 사람의 직업을 알아봅시다.

조건
- 소설가인 회계사는 간호사의 세금을 계산해 주었습니다.
- 외교관과 경찰은 **가**를 좋아합니다.
- **나**는 외교관의 옆집에 살고 있습니다.
- 경찰은 병원에서 간호사를 만났습니다.
- **다**는 **나**와 회계사보다 나이가 많습니다.
- 회계사와 모델은 친구입니다.

❶ 조건 을 보고 알 수 있는 사실을 쓰시오.

- 소설가인 회계사는 간호사의 세금을 계산해 주었습니다.
  ➡ 소설가는 회계사이고 간호사가 아닙니다.

- 외교관과 경찰은 **가**를 좋아합니다.
  ➡ 외교관과 경찰은 다른 사람이고, **가**는 외교관과 경찰이 아닙니다.

- **나**는 외교관의 옆집에 살고 있습니다.
  ➡

- 경찰은 병원에서 간호사를 만났습니다.
  ➡

- **다**는 **나**와 회계사보다 나이가 많습니다.

  ➡
  ____

- 회계사와 모델은 친구입니다.

  ➡
  ____

❷ ❶에서 찾은 단서를 보고 연역표를 완성하시오.

	회계사	간호사	외교관	경찰	모델	소설가
가	○					
나	×					
다	×					

❸ **가**, **나**, **다**의 두 가지 직업을 쓰시오.

가: 회계사 ,

나: ,

다: ,

참과 거짓

요괴 나라에서 마법 지팡이가 사라졌습니다. 꼬마 요괴 넷 중 하나만 참말을 하고 나머지 셋은 거짓말을 하고 있습니다. 마법 지팡이를 훔쳐간 요괴는 누구인지 알아봅시다.

딴짓 요괴   멍하니 요괴   거꾸로 요괴   울보 요괴

❶ 울보 요괴가 범인이라 가정하고 네 요괴의 말이 참말인지 거짓말인지 알아보았습니다. 울보 요괴는 범인입니까? 아닙니까?

> **딴짓 요괴**: 난 마법 지팡이를 훔치지 않았어요. → 참
> **멍하니 요괴**: 딴짓이 하는 말은 거짓말이에요. → 거짓
> **거꾸로 요괴**: 멍하니가 하는 말은 거짓말이에요. → 참
> **울보 요괴**: 멍하니가 훔쳤어요. 엉엉. → 거짓

❷ 딴짓 요괴가 마법 지팡이를 훔쳐갔다고 가정하고 네 요괴의 말이 참말인지 거짓말인지 쓰시오.

	딴짓 요괴	멍하니 요괴	거꾸로 요괴	한입 요괴
딴짓 요괴가 범인	거짓			

❸ 멍하니 요괴와 거꾸로 요괴가 범인이라 가정하고 참말, 거짓말을 알아보시오.

	딴짓 요괴	멍하니 요괴	거꾸로 요괴	한입 요괴
멍하니 요괴가 범인				
거꾸로 요괴가 범인				

❹ 하나만 참말을 하고, 나머지 셋이 거짓말을 하는 경우는 어느 요괴를 범인이라고 가정했을 때입니까? 즉 범인은 누구입니까?

[안전한 길 찾기]

1 세 갈래 길이 있습니다. 그 중 길 하나는 안전하고, 나머지 두 길은 위험합니다. 길의 입구에 세 꼬마 요괴가 표지판을 들고 있습니다. 표지판의 글 중 하나는 참이고 다른 둘은 거짓이라고 할 때 안전한 길 앞의 표지판에 ◯표 하시오.

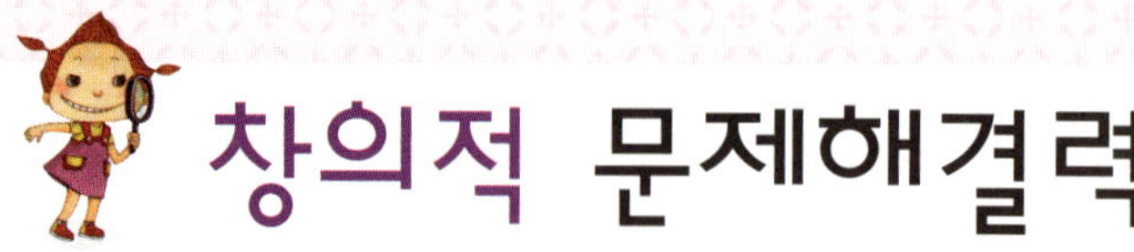

창의적 문제해결력

1 후라이팬에 식빵의 앞면과 뒷면을 각각 3분씩 굽습니다. 후라이팬 하나로 식빵을 2개씩 구울 수 있다고 할 때 식빵 3개를 굽는 데 최소 몇 분이 걸립니까?

2 태경이와 친구들이 다음 과녁에 활을 쏘았습니다. 모두 5번씩 활을 쏜 다음 맞힌 곳의 점수의 합을 자기 점수로 합니다. 과녁을 벗어난 화살이 하나도 없다고 할 때 자기 점수를 잘못 말한 사람을 찾아보시오.

태경: 난 신궁임에 틀림없어. 34점이야.
초이: 난 화살 쏘는 건 자신없어. 17점이야.
아인: 노력한 보람이 있어. 29점이야.
지오: 내가 꼴지군. 13점이야.

3 다음과 같이 10개의 방으로 이루어진 건물이 있습니다. 색칠한 방에서 시작하여 다른 방을 모두 한 번씩 지나는 길을 그려 보시오. 불가능하면 그 이유를 설명하시오.

4 꼬마 요괴 넷이 가위바위보로 순위를 정하는데 태경, 지오, 초이가 순위를 예측하였습니다. 세 아이의 예측이 한 가지씩만 맞았다고 할 때 1등을 한 요괴는 누구입니까?

Chapter 4

여러 가지 문제

10 거리와 빠르기

태경이와 초이가 20 km 떨어진 곳에서 자전거를 타고 1시간에 10 km의 빠르기로 서로 마주보며 달려오고 있습니다. 뛰어 요괴는 1시간에 15 km의 빠르기로 태경이와 초이 사이를 뛰어다닙니다. 초이를 만나면 방향을 바꾸어 태경이한테, 태경이를 만나면 다시 초이한테 가는 것을 태경이와 초이가 만날 때까지 반복합니다.

지오는 뛰어 요괴가 왔다 갔다 하는 모습을 보고 뛰어 요괴가 뛰어다닌 거리가 모두 얼마인지 궁금합니다.

태경이와 초이가 만날 때까지 걸리는 시간은 몇 시간입니까? 또, 뛰어 요괴가 뛴 시간은 몇 시간입니까?

뛰어 요괴는 1시간에 15 km를 뜁니다. 뛰어 요괴가 뛴 거리는 몇 km입니까?

한입 요괴와 장난 요괴가 도로의 양끝에서 동시에 출발하여 10분 후에 만났습니다. 한입 요괴는 1분에 10 m를 걷고, 장난 요괴는 1분에 20 m를 걷습니다. 이 도로의 길이를 구하시오.

뛰어 요괴와 딴짓 요괴가 300 m 길이의 도로 양끝에 서 있습니다. 뛰어 요괴는 1분에 45 m를 가고, 딴짓 요괴는 1분에 15 m를 갑니다. 둘이 동시에 출발하여 몇 분 후에 만납니까?

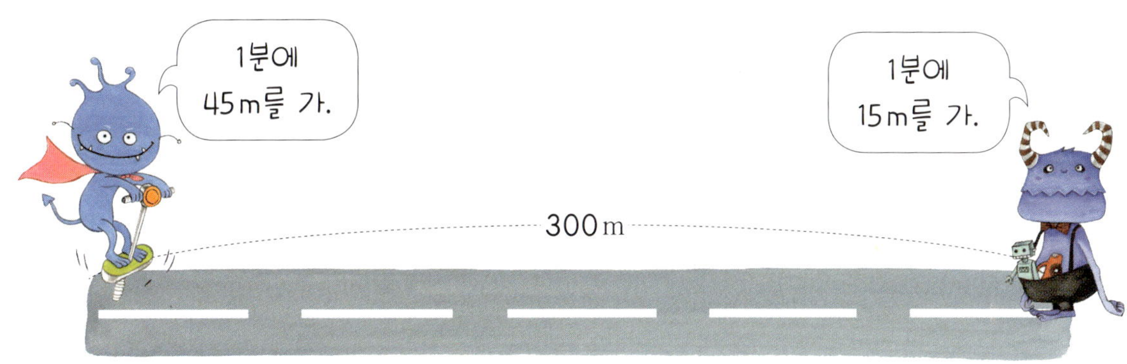

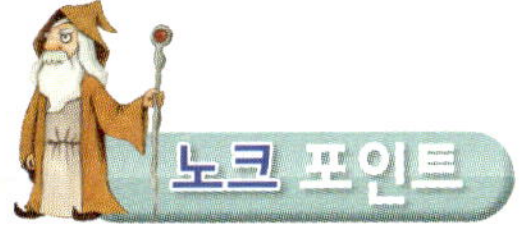

노크 포인트

두 사람이 동시에 출발하여 어느 한 지점에서 만날 때 처음 두 사람 사이의 거리는 두 사람이 걸은 거리의 합입니다.

두 사람의 빠르기와 출발 지점이 다를 때, 따라잡는 데 걸리는 시간은
(따라잡아야 할 거리)÷(빠르기의 차)입니다.

기차가 터널을 완전히 통과하기 위해서 가는 거리는 (터널의 길이)＋(기차의 길이)입니다.

산책

태경이와 동생 태돌이가 연못 주위를 걷습니다. 태경이는 1분에 100 m의 빠르기로, 태돌이는 1분에 50 m의 빠르기로 걷습니다. 처음에 같은 곳에서 출발하여 서로 반대 방향으로 걸었더니 10분 만에 만났습니다. 만난 후에는 한 곳에서 같은 방향으로 출발하였습니다. 두 사람이 다시 만난 것은 몇 분 후인지 알아봅시다.

❶ 태경이와 태돌이가 서로 반대 방향으로 돌아서 10분 만에 만났습니다. 연못의 둘레는 몇 m입니까?

❷ 태경이와 태돌이가 같은 방향으로 걸을 때는 태경이가 태돌이보다 연못을 한 바퀴 더 돌면 만날 수 있습니다. 태경이가 태돌이보다 몇 m를 더 가야 만날 수 있습니까?

❸ 1분 동안 태경이는 태돌이보다 몇 m 더 걷습니까? 또, 태경이와 태돌이가 다시 만나는 것은 몇 분 후입니까?

1 빨간색 자동차가 파란색 자동차보다 $30\,km$ 앞에서 출발합니다. 빨간색 자동차는 1 시간에 $50\,km$를 가고, 파란색 자동차는 1시간에 $60\,km$를 간다고 할 때, 파란색 자동차가 빨간색 자동차를 따라잡는 것은 몇 시간 후입니까?

2 초이와 지오는 원 모양의 공원 길을 산책합니다. 두 사람이 같은 곳에서 출발하여 같은 방향으로 걸었더니 40분 후에 만났습니다. 초이는 1분에 $100\,m$의 빠르기로, 지오는 1분에 $60\,m$의 빠르기로 걷는다고 할 때, 두 사람이 같은 곳에서 서로 다른 방향으로 산책하면 몇 분 후에 만납니까?

 터널 통과

1초에 20 m의 빠르기로 달리는 기차가 1500 m 길이의 터널을 통과하려고 합니다. 이 기차의 길이가 240 m일 때 기차가 터널을 완전히 통과하는데 걸리는 시간을 알아봅시다.

❶ 기차가 터널을 완전히 통과하려면 기차의 앞부분이 터널에 들어가서 기차의 끝부분이 터널을 완전히 빠져 나와야 합니다. 기차가 터널을 완전히 통과할 때 기차의 이동 거리는 몇 m입니까?

❷ 기차가 터널을 완전히 빠져나가는데 걸리는 시간은 몇 초입니까?

1 일정한 빠르기로 달리는 전철이 있습니다. 전철이 500 m 길이의 다리를 지나는데 I0초가 걸린다고 합니다. 전철의 길이가 200 m라고 할 때 이 전철은 I초에 몇 m 를 갑니까?

2 I초에 50 m를 달리는 초고속열차가 3000 m 길이의 터널을 통과할 때, 50초 동안 초고속열차의 모습이 보이지 않았습니다. 초고속열차의 길이는 몇 m입니까?

효율적인 해결 방법

아이들이 동화책을 빌리려고 책 대여점에 갔습니다. 책 대여점에서는 두 가지 방법으로 책을 빌려줍니다.

> **방법 1**: 일일 10000원의 회원 요금을 내면 한 권당 500원에 책을 빌려줍니다.
>
> **방법 2**: 회원 요금 없이 한 권당 1000원에 책을 빌려줍니다.

태경

초이

아인

지오

지오는 책을 20권 빌리기로 했습니다. 방법 1과 방법 2 중 어느 방법이 돈을 아낄 수 있는 방법입니까?

태경이네 반 아이 15명이 연극 관람을 하기로 하였습니다. 가장 돈을 적게 들이고 연극을 관람한다고 할 때 1인당 얼마가 필요합니까?

성인: 12000원
학생: 9000원
단체: 6000원 (단, 20명 이상)

- 20명 단체 표를 사면 얼마가 듭니까? 또, 15명 모두 학생표를 산다면 모두 얼마가 듭니까?

- 위의 두 가지 방법 중 어느 것이 돈이 더 적게 듭니까?

- 돈을 가장 적게 들일 때 1인당 얼마의 돈이 필요합니까?

노크 포인트

단체표를 구입할 때나 전화 요금제를 선택할 때 조건을 분석하면 더 효율적인 방법을 선택할 수 있습니다. 손익을 따져서 목표를 세우거나 합리적인 계획을 세울 수 있습니다.

과일 가게 손익

어느 과일 가게에서 복숭아 50개를 30000원에 사서 1개에 200원씩 이익을 남기고 팝니다. 며칠이 지나 썩은 복숭아는 버리고 계산을 해 보니 3600원의 이익이 생겼습니다. 버린 복숭아는 몇 개인지 알아봅시다.

❶ 복숭아 한 개를 사온 가격은 얼마이고, 얼마에 팔았습니까?

❷ 복숭아를 모두 다 팔면 얼마의 이익이 생깁니까?

❸ 복숭아를 팔지 못하고 버려서 없어진 이익은 모두 얼마입니까?

❹ 복숭아 1개를 버리면 이익이 800원 없어집니다. 버린 복숭아는 몇 개입니까?

1 접시를 하나 닦을 때마다 200원을 받고, 접시 하나를 깨뜨릴 때마다 깨뜨린 접시 값을 내야 합니다. 접시 100개 중 10개를 깨뜨리고 모두 12000원을 받았습니다. 접시 1개는 얼마입니까?

2 생선 가게에서 명태 20마리를 마리당 6000원에 사서 한 마리당 1000원의 이익을 남기고 팝니다. 그런데 명태는 하루가 지나면 상해서 팔 수가 없습니다. 생선 가게가 손해를 보지 않으려면 명태를 들여온 날 최소 몇 마리를 팔아야 합니까?

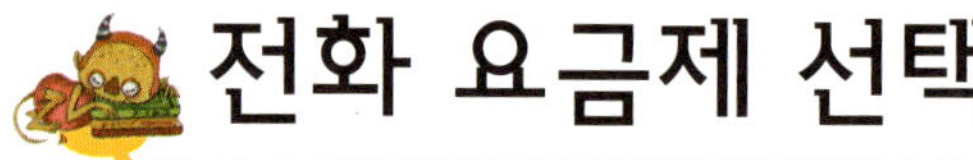

전화 요금제 선택

다음은 어느 지역의 전화 요금제입니다. 통화 횟수에 맞는 유리한 요금제를 알아봅시다.

기본 요금제	한 달 기본 요금이 10000원이고, 한 통화에 50원씩 요금이 부과됩니다.
프리미엄 요금제	통화한 횟수에 관계없이 한 달 요금은 25000원입니다.
알뜰 요금제	기본 요금이 없으며, 한 통화에 200원씩 요금이 부과됩니다.

❶ 두 사람의 한 달 통화 횟수가 각각 100회, 200회라고 할 때 각 요금제의 통화 요금을 구하시오.

통화 횟수 / 요금제	100회	200회
기본 요금제	15000원	
프리미엄 요금제		
알뜰 요금제		

❷ 알뜰 요금제를 선택하는 사람은 한 달에 최대 몇 통화를 하는 사람이 유리합니까?

❸ 기본 요금제를 선택하는 사람은 한 달에 최소 몇 통화, 최대 몇 통화를 하는 사람이 유리합니까?

❹ 어떤 사람의 한 달 평균 통화 횟수가 152회입니다. 어떤 요금제를 선택하는 것이 유리합니까?

1 태경이의 삼촌은 편의점 아르바이트를 합니다. 다음 아르바이트 조건 중 삼촌에게 가장 유리한 조건의 편의점을 찾아보시오. 태경이 삼촌은 하루 8시간을 근무할 수 있습니다.

> 가 편의점: 한 시간에 8000원을 줍니다.
> 나 편의점: 8시간에 60000원을 줍니다.
> 다 편의점: 하루에 기본으로 35000원을 주고
> 한 시간에 3000원을 더 줍니다.

[놀이배 타기]

2 마을 주민 27명이 호수에서 놀이배를 타려고 합니다. 놀이배에는 두 종류가 있고 정원과 가격이 모두 다릅니다. 마을 주민이 모두 배에 탈 수 있는 최소 금액을 구하시오.

배의 종류	정원	가격
큰 배	6명	800원
작은 배	5명	700원

매일 같은 빠르기로 풀이 자라는 목장이 있습니다. 이 목장의 풀을 소가 20마리이면 5일 만에, 13마리이면 10일 만에 모두 먹어 치운다고 합니다. 매일 소가 먹는 풀의 양은 같고, 모든 소가 같은 양의 풀을 먹습니다.

같은 목장의 풀인데 그 양이 100과 130으로 다른 이유는 매일 풀이 자라기 때문입니다. 5일 동안 먹는 풀과 10일 동안 먹는 풀의 양의 차이는 5일 동안 자란 풀의 양입니다.

소들이 풀을 먹기 전 이 목장에 있었던 풀의 양은 얼마입니까?

다음은 이 목장의 소가 16마리라고 할 때 풀의 양과 소가 먹는 양을 나타낸 표입니다. 표를 완성하고 소 16마리가 며칠 만에 풀을 모두 먹는지 구하시오.

날 수	처음	1일째	2일째	3일째	4일째	5일째	6일째	7일째
풀의 양	70	76	66					
소가 먹는 풀의 양	·	16	16					
남은 풀의 양	70	60	50					

소가 풀을 먹는 문제는 영국의 수학자 뉴튼이 쓴 책에서 가장 먼저 소개되었기 때문에 이 문제를 뉴튼산 이라고 부릅니다.

뉴튼산 문제를 해결할 때에는
① 소가 하루 동안 먹는 풀의 양을 1이라고 합니다.
② 조건을 이용하여 하루 동안 자라는 풀의 양을 구합니다.
③ 소들이 풀을 먹기 전의 원래 풀의 양을 구합니다.
④ 구하고자 하는 것을 찾아 문제를 해결합니다.

사료 먹이기

목장의 소 5마리가 4일 동안 100 kg의 사료를 먹습니다. 소 8마리가 360 kg의 사료를 모두 먹는데 며칠이 걸리는지 알아봅시다.

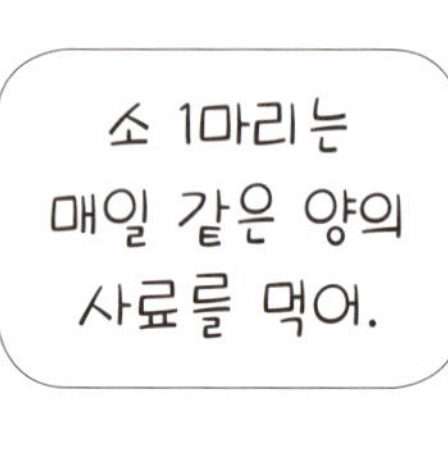

❶ 소 1마리가 1일 동안 먹는 사료는 몇 kg입니까?

❷ 소 8마리가 1일 동안 먹는 사료는 몇 kg입니까?

❸ 소 8마리가 360 kg의 사료를 모두 먹는데 며칠이 걸립니까?

1 어느 공장에서 기계 4대를 사용하여 15분 동안 부품 120개를 생산합니다. 1시간 동안 2400개의 부품을 생산하려면 몇 대의 기계가 더 필요합니까?

2 8명이 같은 일을 하면 15일 만에 끝납니다. 이 일을 처음 6일 동안은 8명이 하다가 그 후에는 4명만 남아 일을 끝냈습니다. 일을 마치는 데 모두 며칠이 걸립니까?

한 사람이 1일 동안 하는 일의 양을 1이라 하면 전체 일의 양은 120(=8×15)이야.

 배수구가 달린 물통

배수구가 5개 달린 커다란 물통에 일정한 양으로 물을 받고 있습니다.
배수구를 2개 열면 8시간 만에, 배수구를 5개 열면 2시간 만에 물이 다 빠진다고 합니다. 5개의 배수구에서 매시간 물이 빠져나가는 양이 모두 같다고 할 때 배수구 3개를 열면 몇 시간만에 물이 모두 빠져나가는지 알아봅시다.

❶ 배수구 1개에서 1시간 동안 빠져나가는 물의 양을 1이라 할 때 배수구 2개에서 8시간 동안 빠져나가는 물의 양과 배수구 5개에서 2시간 동안 빠져 나가는 물의 양을 차례로 쓰시오.

❷ 6시간 동안 물통에 받은 물의 양과 한 시간 동안 물통에 받은 물의 양을 차례로 쓰시오.

❸ 배수구를 열기 전 원래 있었던 물의 양은 얼마입니까?

❹ 배수구 3개를 열면 몇 시간 만에 물이 모두 빠져 나갑니까?

1 어느 연못의 개구리밥이 매일 같은 빠르기로 자랍니다. 이 연못에 개구리가 4마리이면 5일 만에, 개구리가 7마리이면 2일 만에 개구리밥을 모두 먹습니다. 개구리가 하루 동안 먹는 개구리밥의 양을 1이라 할 때 물음에 답하시오.

❶ 하루 동안 자라는 개구리밥의 양은 얼마입니까?

❷ 원래 연못에 있었던 개구리밥의 양은 얼마입니까?

2 바닥이 뚫린 배가 있습니다. 이미 물이 차 있는데 일정한 빠르기로 배에 물이 더 차오르고 있습니다. 이 배에서 5개의 펌프로 물을 빼내면 4시간 만에, 3개의 펌프로 물을 빼내면 8시간 만에 물을 모두 뺄 수 있다고 합니다. 2시간 만에 물을 다 빼내려면 몇 개의 펌프가 있어야 합니까? (단, 모든 펌프는 매시간 물을 빼내는 양이 똑같습니다.)

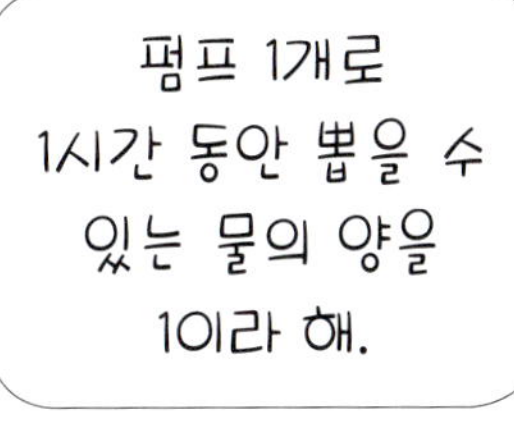

창의적 문제해결력

1 길이가 150 m인 기차가 1500 m 길이의 다리를 완전히 통과하는 데 걸리는 시간이 11초입니다. 이 기차는 1초에 몇 m를 갑니까?

2 토끼와 거북이 경주를 합니다. 토끼는 1초에 5 m를 가고, 거북은 1초에 1 m를 갑니다. 거북이 토끼보다 200 m 앞에서 출발한다고 할 때, 토끼가 거북을 따라잡는 것은 몇 초 후입니까?

3 학생 50명이 코끼리 자동차를 타려고 합니다. 코끼리 자동차는 2종류가 있는데 요금이 5000원인 큰 자동차는 6명까지 탈 수 있고, 요금이 4000원인 작은 자동차는 4명까지 탈 수 있습니다. 가장 적은 비용으로 학생들이 모두 코끼리 자동차를 타고 간다고 할 때 필요한 금액은 얼마입니까?

4 일정한 빠르기로 자라는 초원의 풀을 양 20마리는 10일 만에, 양 15마리는 15일 만에 다 먹습니다. 양 10마리는 풀을 며칠 만에 다 먹는지 구하시오.

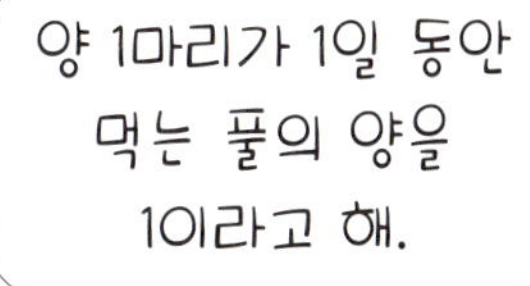

MEMO

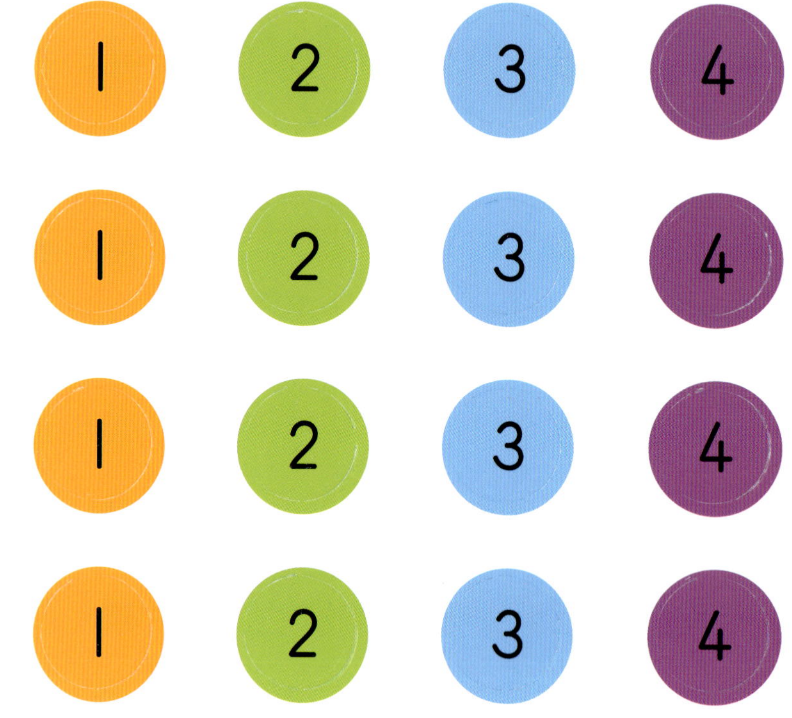

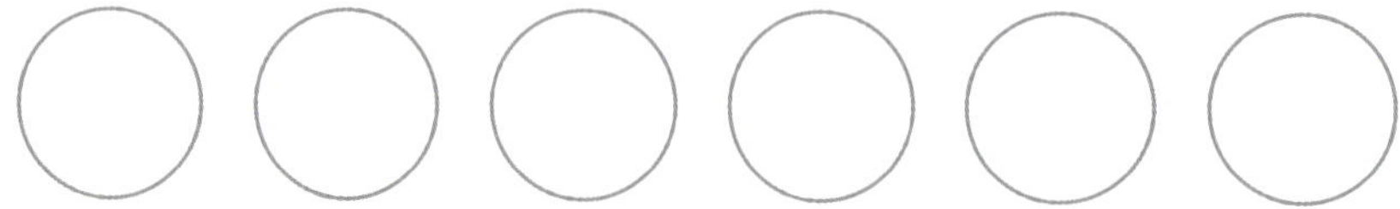

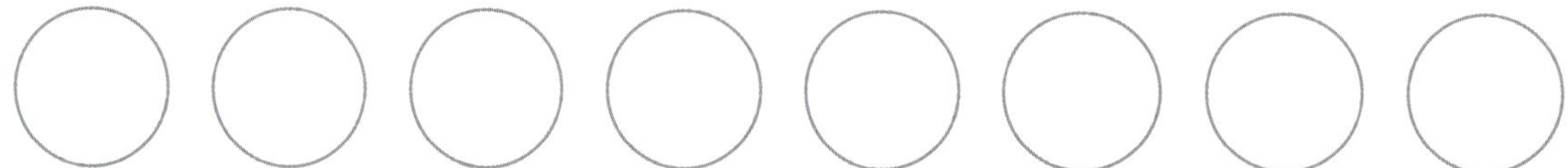